O suicídio e sua prevenção

FUNDAÇÃO EDITORA DA UNESP

Presidente do Conselho Curador
Mário Sérgio Vasconcelos

Diretor-Presidente
Jézio Hernani Bomfim Gutierre

Superintendente Administrativo e Financeiro
William de Souza Agostinho

Conselho Editorial Acadêmico
Danilo Rothberg
Luis Fernando Ayerbe
Marcelo Takeshi Yamashita
Maria Cristina Pereira Lima
Milton Terumitsu Sogabe
Newton La Scala Júnior
Pedro Angelo Pagni
Renata Junqueira de Souza
Sandra Aparecida Ferreira
Valéria dos Santos Guimarães

Editores-Adjuntos
Anderson Nobara
Leandro Rodrigues

COLEÇÃO SAÚDE E CIDADANIA

Consultores
Antonio de Pádua Pithon Cyrino (coord.)
Everardo Duarte Nunes | José Ricardo de C. M. Ayres
Lilia Blima Schraiber | Rita Barradas Barata

Secretária
Rosa Maria Capabianco

JOSÉ MANOEL BERTOLOTE

O suicídio e sua prevenção

Apresentação
Diego De Leo

editora
unesp

© 2012 Editora Unesp

Direitos de publicação reservados à:
Fundação Editora da Unesp (FEU)
Praça da Sé, 108
01001-900 – São Paulo – SP
Tel.: (0xx11) 3242-7171
Fax: (0xx11) 3242-7172
www.editoraunesp.com.br
www.livrariaunesp.com.br
atendimento.editora@unesp.br

CIP – Brasil. Catalogação na fonte
Sindicato Nacional dos Editores de Livros, RJ

B462s

Bertolote, José Manoel.
O suicídio e sua prevenção / José Manoel Bertolote. – São Paulo: Editora Unesp, 2012. (Saúde e cidadania)

ISBN 978-85-393-0371-7

1. Suicídio. 2. Suicídio – Aspectos psicológicos. I. Título. II. Série.

12-8977.　　　　　　　　　　　　CDD: 616.858445
　　　　　　　　　　　　　　　　 CDU: 616.89-008.441.44

07.12.12　12.12.12　　　　　　　　　　　　　　　　　　　　041383

Editora afiliada:

Asociación de Editoriales Universitarias
de América Latina y el Caribe

Associação Brasileira de
Editoras Universitárias

Sumário

Apresentação

Diego De Leo 7

Introdução 15

Primeira parte – Suicídio 19

    Capítulo 1 | O que é suicídio 21

    Capítulo 2 | Breve história do suicídio 27

    Capítulo 3 | O suicídio no mundo 39

    Capítulo 4 | O suicídio no Brasil 59

    Capítulo 5 | Causas do suicídio 67

Segunda parte – Prevenção do suicídio 79

    Capítulo 6 | O que é prevenção? 81

    Conclusão 127

    Anexo 129

    Referências bibliográficas 133

Apresentação

O suicídio é a pior de todas as tragédias humanas. Não apenas representa a culminância de um sofrimento insuportável para o indivíduo, mas também significa uma dor perpétua e um questionamento torturante, infindável, para os que ficam. O número de afetados pelo suicídio de uma pessoa próxima varia, compreensivelmente, de país para país, de cultura para cultura. Sabe-se que, no mundo ocidental, no mínimo de cinco a seis pessoas ficam profundamente afetadas por uma morte causada por suicídio. Em sociedades menos individualistas, as "emoções partilhadas" podem tornar comunidades inteiras afetadas pela tragédia de uma única decisão fatal. Esse fenômeno é relatado com frequência em comunidades indígenas.

Em todo caso, se considerarmos realista a estimativa de cerca de um milhão de pessoas no mundo que renunciam a suas vidas todos os anos, consideramos também que existem muitos milhões de sobreviventes afetados. Podemos imaginar que, ao longo de dez anos, o equivalente à população de um grande país europeu poderia se constituir inteiramente por pessoas que sofrem pelo suicídio de um ente querido. Isso é terrível e, por si só, indica que algo efetivo deve ser feito urgentemente para reverter essa situação.

Obviamente, deveríamos começar pela criação de condições para vidas mais significativas e sociedades melhoradas – em outras palavras, ambientes no quais o suicídio fosse menos possível. Assim, suas sequelas seriam menos frequentes. Mas isso seria realista? Seria simplesmente uma questão de escolhas a tarefa de reduzir o fardo do suicídio? Ou o suicídio é algo que sempre existiu, e será para sempre parte da experiência humana? Ou ainda: deveria ser assegurado às pessoas o "direito" ao suicídio?

Inevitavelmente, a história da humanidade é também a história do suicídio. No *Diálogo de um misantropo com sua alma*, provável fragmento de um poema mais longo atribuído a um escriba egípcio, encontramos a estimativa mais citada sobre a "idade" dos comportamentos suicidas (4.000 anos, no mínimo):

> *A morte está hoje diante de mim*
> *(Como) a recuperação diante de um homem enfermo,*
> *Adentrando um jardim após a enfermidade,*

Como um homem sonha em rever sua casa
Depois de anos em cativeiro.

Muitos exemplos de suicídio estão presentes no Antigo Testamento, e a Antiguidade greco-romana é rica em tais exemplos. A atual *Sociedade Hemlock* (um movimento pelo direito de escolher a própria morte) é uma clara reminiscência da decisão de Sócrates e do veneno que recebeu para deixar a vida honrosamente.

Ao pensar sobre a época em que a Igreja Católica começou a condenar o suicídio, passando a considerá-lo um dos mais terríveis pecados, cujas consequências fariam com que fossem punidos até mesmo os entes queridos sobreviventes, temos de nos lembrar que essa foi uma escolha essencialmente política, algo que tinha que ver com os donatistas da África do Norte e com seus martírios excessivamente frequentes. No Concílio de Arles (314 d.C.), Constantino encontrou uma maneira de condenar tais ações e confiscar-lhes as propriedades. Aquelas decisões foram um marco na história das percepções sociais do suicídio, e cunharam uma atitude pública presente até hoje. É desnecessário dizer que esse concílio criou também o estigma que os sobreviventes do suicídio conhecem bastante bem.

Aproximadamente durante os treze séculos seguintes, as pessoas que se suicidavam foram consideradas pecadores mortais (nesse caso, "mortal" soa tautológico, mas se refere à condenação eterna). Então – e provavelmente não de forma súbita – começaram a ser tratados como "insanos". Vários autores (Minois, Van Hooff, entre outros) notaram a rápida aceleração da "nova" percepção do suicídio: por volta de 1650, apenas um em cada dez casos era julgado como tendo sido executado por uma pessoa *non compos mentis* (mentalmente insana), ao passo que as outras nove eram consideradas *felo de se* (assassino de si mesmo). Contudo, por volta de 1800, praticamente todos os casos de suicídio envolviam pessoas consideradas como mentalmente insanas. Jeffrey Watt, em seu livro *From Sin to Insanity: Suicide in Early Modern Europe* [Do pecado à insanidade: suicídio nos primórdios da Europa Moderna], descreve de forma eloquente essa transformação, cuja principal consequência – a inserção dos comportamentos suicidas no campo da Psiquiatria – se faz presente até hoje. No final do século XIX, a influência sociológica, introduzida por Morselli na Itália e especialmente por Durkheim, na França, foi muito relevante e gerou diversas linhas de pesquisa ao longo de todo o século XX. Todavia, no fim das contas, a Psiquiatria prevaleceu, superando até a orientação psicológica, e incorporou as modestas contribuições da Psicologia e da Psicanálise.

A introdução no novo DSM-5 de uma categoria diagnóstica para "Transtorno de comportamento

Apresentação

suicida" e de outra para "Lesão autoinfligida não suicida" pode representar a encapsulação definitiva de todos os comportamentos suicidas no terreno da Psiquiatria. Entretanto, muitos acadêmicos, particularmente os de fora da América do Norte, sentem-se um tanto claustrofóbicos em relação a essa mudança. Apropriadamente, teóricos e pesquisadores que concebem o suicídio em termos holísticos parecem relutantes em aceitar o abandono da perspectiva psicossocial. Muitos de nós temos encorajado a popularização de *slogans* como "O suicídio é um problema de todos", justamente para destacar a natureza multidimensional do fenômeno suicida. Agora parece que somos forçados a aceitar que é primariamente um "problema" dos psiquiatras.

Nos último 30 anos, as depressões e o transtorno bipolar polarizaram a atenção dos estrategistas da luta contra o suicídio. A depressão, em particular, tem sido o foco de todos os esforços preventivos. Houve muitas campanhas para aumentar o conhecimento que a população em geral tem sobre os transtornos depressivos e outros transtornos psiquiátricos, e os resultados têm sido promissores (veja o exemplo recente da campanha de Nuremberg, na Alemanha). Entretanto, a evidência científica é limitada pela natureza dessas observações. É particularmente difícil identificar o que poderia ter sido responsável pelos efeitos positivos observados, considerando-se a "conectividade" social como principal explicação.

É bastante curioso que num campo médico tão "medicalizado" os ensaios clínicos controlados de medicamentos para os comportamentos suicidas possam quase ser contados nos dedos de uma mão. Uns poucos ensaios com lítio (comparado com placebo, amitriptilina, carbamazepina e, mais recentemente, valproato de sódio), um com clozapina (comparada com olanzapina – e um muito antigo, com flupentixol), dois com paroxetina (comparada com placebo e bupropiona), e um com mianserina (comparada com placebo). Isso é tudo. Nenhum deles forneceu uma forte evidência. Logo, se quiséssemos considerar os medicamentos como nossa melhor arma de ataque aos comportamentos suicidas, ficaríamos num limbo de incertezas. Mesmo se identificássemos a depressão como a principal responsável pelo suicídio, teríamos de fazer face à firme restrição da prescrição de antidepressivos a adolescentes (presente até mesmo nas embalagens desses medicamentos em quase todo o mundo), à sua falta de efeito ou ao efeito incerto em adultos suicidas e a alguns resultados mais encorajadores em pacientes suicidas idosos. Decididamente, não é muito para um transtorno "psiquiátrico".

Temo que o mesmo seja verdade para "Lesão autoinflingida não suicida": não temos respostas específicas para os que se automutilam. O paradoxo é que seus proponentes dizem que esse diagnóstico é "necessário" para que os pacientes possam receber reembolso de despesas médicas, benefícios por incapacidade e auxílio para serviços escolares especiais. Consequências muito mais infelizes, como o estigma para milhões de jovens, a isenção da responsabilidade pessoal e a redução das ambições e expectativas pessoais (para ficar apenas em algumas) simplesmente não mereceram muita consideração.

Durante o tempo em que trabalhou no Departamento de Saúde Mental e Abuso de Substâncias Psicoativas, o Professor José Manoel Bertolote propôs visões integrativas sobre os comportamentos suicidas (fatais e não fatais). Sua crença num paradigma verdadeiramente biopsicossocial sempre acompanhou suas inúmeras e extremamente influentes iniciativas. À sua maneira – fácil de partilhar – de conceber o suicídio, ele agregou um profundo interesse por aspectos culturais e a nítida influência desses elementos sobre a maneira de conceber os comportamentos suicidas (fenomenologia e frequência) em cada país. Isso tornou sua perspectiva a respeito do suicídio verdadeiramente holística. Ele também possibilitou a realização do histórico estudo SUPRE-MISS, que permitiu a participação de países como Vietnã, Irã e África do Sul, dos quais praticamente nada sobre as particularidades do suicídio era conhecido pela comunidade internacional de pesquisadores e acadêmicos.

O Professor Bertolote não fez apenas isso. Seria muito difícil sintetizar todas as suas iniciativas e atividades. Ele atraiu a atenção mundial para o problema do suicídio – isso causou impacto não apenas para os suicidólogos, mas para todos os que sofrem pelo suicídio de um ente querido ou os que estão pensando em suicidar-se. Foi, por exemplo, o motor da campanha OMS SUPRE. Facilitou a publicação de inúmeros livros e relatórios técnicos. Além disso, idealizou a série de "livretos azuis" sobre a prevenção do suicídio (que cobriu todos os mais importantes aspectos das atividades preventivas do suicídio, com tiragem de milhares de exemplares. Os livretos chegaram a praticamente todos os governos do mundo).

Este livro reflete sua maneira de pensar. Contém tudo o que é importante para a prevenção do suicídio, mas, sobretudo, contém a experiência ímpar do Professor Bertolote e sua especial sabedoria. Para o leitor interessado no assunto, é um formidável presente.

Diego De Leo, DSc.
Professor de Psiquiatria e Diretor do Instituto Australiano para Pesquisa e Prevenção do Suicídio – Griffith University, Brisbane, Austrália (Centro Colaborador da OMS para Pesquisa e Formação em Prevenção do Suicídio).

Introdução

A humanidade conhece o suicídio desde seus primórdios. Em quase todos os antigos livros sagrados (a Bíblia, o *Mahabharata*, o *Gilgamesh* etc.) e nas mitologias da maioria dos povos antigos, há inúmeros relatos de casos de suicídio. Nesses textos, embora não houvesse uma palavra específica para designar a morte autoinfligida, esse comportamento geralmente é apresentado de forma heroica, cometido por um deus, por um ser mítico, para salvar seu povo ou para se safar de uma situação sem saída.

Seguindo essa tradição, até meados do século XVII o suicídio permaneceu como tema de interesse predominantemente teológico, religioso e filosófico, passando então a atrair o interesse dos médicos. Hoje em dia, além desses campos, ainda profundamente interessados no tema, encontramos psicólogos, antropólogos, literatos, linguistas, demógrafos, epidemiólogos, psicanalistas e historiadores, entre outros, interessados no que veio a ser conhecido como "suicidologia". O historiador George Minois recenseou, em 1995, mais de 5 mil obras sobre o suicídio escritas apenas em alemão, francês e inglês, a partir do início do século XIX.

Do século XVIII em diante, o suicídio passou a ser cada vez mais considerado patológico. No século XIX, importantes psiquiatras como Philippe Pinel, Esquirol e Sigmund Freud postularam que o suicídio decorria de algum transtorno mental, colocando-o claramente no domínio da psicopatologia. Contudo, no final do século XIX, Émile Durkheim, um dos criadores da Sociologia, propôs que o suicídio era um fenômeno predominantemente sociológico (Durkheim, 1897), no que foi secundado por Marx. A partir da metade do século XX, alguns filósofos voltaram a se interessar pelo suicídio, considerando-o novamente um problema filosófico, e Albert Camus (1942) chegou a considerá-lo o mais importante tema de toda a filosofia.

Segundo o francês Jean Baecheler (1975), não há nada mais especificamente humano que o suicídio, posto que apenas o ser humano é capaz de refletir sobre sua própria existência e de tomar a decisão de prolongá-la ou de dar-lhe fim, e que o "suicídio" de animais não passa de um mito sem comprovação factual.

Da Antiguidade aos dias de hoje, o suicídio passou de objeto singular, raro e, por vezes, exemplar, a fenômeno sociossanitário de proporções consideráveis, constituindo-se em uma das três principais causas de óbito em determinados faixas etárias de vários países e em várias regiões do globo. Mais recentemente, sobretudo graças aos esforços desenvolvidos pela Organização Mundial da Saúde (OMS), ficou clara a magnitude do impacto que o suicídio representa para a Saúde Pública, bem como a importância que intervenções desenvolvidas a partir dessa perspectiva têm para sua prevenção – e, por fim, para reduzir a mortalidade e o sofrimento a ele associados. É com essa visão – a da Saúde Pública (OMS, 1998; De Leo, Bertolote e Lester, 2002) – que esse tema será aqui abordado. Mais que pretender entender e elucidar a verdadeira natureza do suicídio, pretendo contribuir para a redução do impacto do suicídio nas comunidades e na sociedade e, em última – e deliberadamente pretensiosa – instância, para sua prevenção.

PRIMEIRA PARTE
SUICÍDIO

1

O que é suicídio

Definição

Embora possa parecer um conceito simples, na realidade uma definição precisa de suicídio ainda suscita divergências. A fim de evitar polêmicas intermináveis, adotaremos aqui a definição proposta pela OMS, segundo a qual o suicídio é o ato deliberado, intencional, de causar a morte a si mesmo, ou, em outras palavras, um ato iniciado e executado deliberadamente por uma pessoa que tem a clara noção (ou uma forte expectativa) de que dele pode resultar a morte, e cujo desfecho fatal é esperado (OMS, 1998).

Do ponto de vista fenomenológico, o suicídio é um processo que se inicia com considerações mais ou menos vagas sobre a morte e sobre morrer (**ideação suicida**), as quais podem adquirir consistência (persistente ou recorrente, flutuante), evoluir para a elaboração de um plano (**plano suicida**) e culminar num ato suicida, cujo desfecho poder ser fatal (**suicídio**) ou não (**tentativa de suicídio**). Neste livro, a expressão "comportamentos suicidas" será empregada para designar indistintamente as tentativas de suicídio e os suicídios consumados.

> Suicídio é o ato de pôr um fim à própria vida deliberadamente. Independentemente de ser resultado de impulso ou premeditação, sempre constitui uma urgência prioritária para o pessoal da saúde.

Contemporaneamente, a maioria dos especialistas em suicídio e em sua prevenção concebe esse processo como uma diátese na qual interagem fatores genéticos, socioculturais, traços de personalidade, experiências de vida (traumáticas ou gratificantes) e história psiquiátrica (Mann et al., 1999; Wasserman, 2001), que serão examinados pormenorizadamente nos capítulos subsequentes.

Nessa mesma linha de raciocínio, em 1998 a OMS desenvolveu e propôs um modelo de base ecológica (Figura 1.1). Segundo esse modelo, o processo sempre ocorre num ambiente com elementos culturais (crenças, normas, relações sociais, interdições etc.) e físicos (métodos empregados no suicídio e facilidade/dificuldade de acesso a eles) que determinam amplamente comportamentos, entre os quais os comportamentos suicidas, e seus desfechos particulares (fatais ou não fatais).

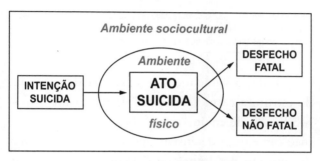

Figura 1.1. Processo do suicídio: modelo ecológico da OMS (OMS, 1998).

Em 1964, o psicólogo britânico Erwin Stengel (1902-1973) propôs que o suicídio e as tentativas de suicídio se referiam a duas populações distintas, que diferiam basicamente quanto à intenção de morrer, presente no primeiro caso e ausente no segundo. Porém, além dessa distinção fundamental, havia também características demográficas e clínicas que as distinguiam: a primeira era composta por homens mais velhos, nos quais predominavam quadros clínicos psicóticos, e a segunda, por mulheres jovens com transtornos de personalidade e de adaptação. Os meios empregados também eram diversos: mais letais (armas de fogo, enforcamento) para o primeiro grupo, e menos letais (intoxicações e ferimentos cortantes) para o segundo.

> Tentativa de suicídio é um ato autoagressivo deliberado (por exemplo: cortar-se ou ingerir medicamentos ou outras substâncias tóxicas) com a intenção de pôr fim à vida, cujo desfecho, porém, não é fatal.
> Uma tentativa de suicídio sempre deve ser levada a sério, tanto por suas consequências clínicas como por ser um importante fator de risco para outras tentativas e para um suicídio consumado no futuro.

Todavia, mudanças recentes na demografia, na estrutura e em valores sociais e a maior disponibilidade de meios mais letais (principalmente medicamentos e defensivos agrícolas) levaram a uma diminuição das linhas de demarcação entre esses dois grupos, que se confundem cada vez mais um com o outro. A partir dos anos 1990, por influência de psicólogos norte-americanos, acentuou-se a tendência de se falar em "comportamento suicida" (Shneidman, 1984, p.383) para designar genericamente qualquer um dos fenômenos descritos acima. Se, por um lado, isso facilita a comunicação, sobretudo com o público leigo, por outro lado elimina especificidades clínicas e epidemiológicas de algum deles, limitando sua aplicação na área técnica. Em benefício da comunicação, empregaremos amiúde essa expressão nesta obra.

Observa-se atualmente, principalmente em textos de autores britânicos, uma preferência pelo emprego da expressão "autoagressão" para designar uma lesão ou uma intoxicação intencionalmente autoinfligidas (para diferenciá-la de eventos equivalentes acidentais), independentemente de sua intencionalidade e de seu desfecho (fatal ou não). Outros autores incluem nessa categoria atos voluntários de automutilação (como amputações psicóticas, tatuagens e *piercings*), os quais, porém, não consignam nenhuma intenção de morrer.

> Autoagressão é um ato deliberado de provocar uma lesão ou intoxicação em si mesmo, com ou sem intenção de pôr fim à vida, cujo desfecho, porém, não é fatal.

2

Breve história do suicídio

O suicídio é conhecido desde tempos imemoriais, descrito em praticamente todas as teogonias e mitos sobre a criação do mundo (veja, por exemplo, *Gilgamesh, Ramayana, Mahabaratha*) e em textos sacros fundamentais de diversas religiões (como a Bíblia, o Alcorão e o Talmud).

A lei judaica condena o suicídio, porém o considera uma alternativa aceitável frente à ocorrência de certos pecados capitais. Contudo, até hoje, os judeus que se suicidam são enterrados à parte dos que morrem por qualquer outra causa.

O hinduísmo é bastante ambíguo em relação ao suicídio, ora condenando-o (violação do *ahimsa*, portanto equivalente ao homicídio e condenável como ele), ora aceitando-o (prática não violenta do *prayopavesa*, ou jejum absoluto voluntário até que a morte advenha) ou até mesmo promovendo-o (*sati* – autoimolação pelo fogo da viúva que se atirava na pira funerária do marido recém-falecido).

Para o budismo, o Primeiro Preceito é a abstenção de destruir a vida, incluindo a própria. Contudo, fiel à sua tendência de compaixão, o budismo, diferentemente de outras religiões, não condena o suicídio, mas o considera uma ação negativa, que não se coaduna com a via da iluminação, a meta do budismo.

A Bíblia relata diversos casos de suicídio, aparentemente sem condenar nenhum deles. Entretanto, em um dos mais célebres, o de Sansão (Juízes, 16:30), a intencionalidade de sua própria morte não parece estar presente, mas a de cerca de 3 mil filisteus que estavam no templo que ele fez desabar, o que o torna um precursor de certos homens-bomba suicidas da atualidade. Contudo, no século VI, a Igreja condenou o suicídio como pecado mortal, equivalente ao homicídio, e essa proibição persiste na maioria das religiões cristãs (católica romana e protestantes de diversas denominações), à exceção, talvez, da Igreja Ortodoxa Oriental, que nunca se pronunciou a esse respeito.

Já o Alcorão condena consistentemente o suicídio (4:29), da mesma forma que inúmeras *hadiths*. Para essa fé, o suicídio, como forma extrema de destruição de algo que foi criado por Alá, é um dos mais graves pecados e uma forma de heresia.

Na literatura clássica greco-romana, o suicídio se faz tão presente que seria necessário um alentado volume dedicado exclusivamente a esse tema. Na maioria das vezes, o suicídio é apresentado ora com um ato heroico, ora com um ato de desespero; consequentemente, poucas vezes é condenado abertamente.

Na tradição cultural judaico-greco-romana, a morte voluntária, como era chamada, constituía tema de interesse primordialmente teológico, jurídico e filosófico. Entretanto, em 1643, o médico inglês **Thomas Browne** criou a palavra "suicídio", primeiramente em grego (*autofonos*), que foi traduzida para o inglês como *suicide* em 1645. No livro em que a palavra "suicídio" foi escrita pela primeira vez, Browne distinguia duas formas de suicídio: uma delas "heroica" e outra "patológica".

Essa obra, além de haver "batizado" o fenômeno com uma palavra que se firmou em praticamente todas as línguas ocidentais, abriu as portas para a consideração sistemática e em profundidade do suicídio como um fenômeno de interesse específico para a medicina, mais particularmente para a psiquiatria.

A partir do século XVIII, as conexões entre o suicídio e certos transtornos mentais (em especial a melancolia e a insanidade, para usar termos da época) se firmaram na opinião dos principais psiquiatras europeus desse período, na medida em que qualquer óbito que não pudesse ser atribuído a uma causa natural, acidental ou homicida era atribuído à loucura.

Em 1801, o célebre psiquiatra francês **Philippe Pinel** (1745-1826) afirmou que havia uma ligação entre a lesão de determinados órgãos internos (do cérebro, em particular), que causava uma sensação dolorosa de existir, e o suicídio (Pinel, 1801). Em 1938, um de seus mais importantes discípulos, **Jean-Étienne Esquirol** (1772-1840), considerava que todos os que cometiam suicídio eram mentalmente insanos (1938), e em 1845 **Claude Bourdin** (1815-1886) afirmava categoricamente que o suicídio sempre é uma doença e sempre um ato de insanidade mental.

Embora intelectualmente ativo no final do século XIX e no início do século XX, e apesar de sua vastíssima obra, o interesse de **Sigmund Freud** (1856-1939) pelo suicídio foi relativamente superficial. No contexto da teoria psicanalítica freudiana, o suicídio é entendido como o resultado do predomínio do impulso de morte sobre o impulso vital, o clímax do autoerotismo negativo e um ato de defesa do ego normal contra a psicose. Em seus escritos tardios, Freud retoma o tema e, em relação à depressão, considera o suicídio como uma autopunição pelo desejo de matar dirigido primariamente a outrem. Curiosamente, no final de sua vida, acometido de câncer, Freud pediu a seu médico que colocasse um fim à sua vida com uma alta dose de morfina.

Após a afirmação do suicídio como doença nos séculos XVII e XVIII, a mais notável mudança conceitual a seu respeito ocorreu no século XIX, com a obra de Durkheim, que abriu uma nova e ampla via para seu entendimento.

David Émile Durkheim (1858-1917) é considerado o pai da sociologia, disciplina acadêmica que estabeleceu na Europa, e como o principal arquiteto da moderna Ciência Social, ao lado de Max Weber e Karl Marx.

A maior parte do trabalho de Durkheim se concentrou no estudo de como as sociedades se mantêm integradas e coerentes após o desaparecimento de tradicionais vínculos sociais e religiosos, e que instituições os substituem.

Uma de suas obras mais conhecidas se intitula *O suicídio*, publicada em 1897. Nessa obra, ele se debruçou sobre as diferenças das taxas de suicídio observadas entre católicos e protestantes europeus, e com ela tratou de distinguir a Ciência Social da Psicologia, da Ciência Política e da Filosofia.

Para Durkheim, o suicídio era um "fato social", entendendo-se fato social como uma força que se impõe ao indivíduo e que existe independentemente de suas manifestações individuais; um fato social tem uma existência independente, mais forte e objetiva do que as ações dos indivíduos que compõem uma dada sociedade.

Ele explicava a predominância das taxas de suicídio entre os protestantes em relação aos católicos pelo controle social mais forte entre os últimos, do que resultava uma maior integração social; em oposição, os protestantes possuíam menos controle social e, consequentemente, apresentavam uma menor integração social.

Da combinação da intensidade dessas duas variáveis, integração e controle sociais, Durkheim propôs uma tipologia do suicídio com quatro tipos:

- **altruísta** – observado em indivíduos fortemente integrados a seu grupo social (militares ou religiosos) e que aceitam o suicídio em benefício do grupo.
- **fatalista** – observado em situações de controle extremo, como entre escravos totalmente incapazes de modificar as regras que o governam.
- **egoísta** – observado em indivíduos pouco ou nada integrados a um grupo social, ou seja, quando se colocam (ou são colocados) acima ou à margem do grupo social.

- **anômico** – observado em situações de profunda desorientação decorrente de extremo enfraquecimento ou do desaparecimento de normas sociais, e de falta de expectativas.

A despeito da aceitação inicial das ideias de Durkheim sobre o suicídio, sua teoria foi criticada do ponto de vista ideológico – como positivista – e metodológico – como imprecisa (principalmente por se haver valido apenas de dados estatísticos da Europa central).

Embora ele tenha afirmado em *As regras do método sociológico* que "as causas determinantes de um fato social devem ser procuradas entre os fatos sociais antecedentes, e não entre os estados da consciência individual" (Durkheim, 1894), observou-se, a partir dos anos 1960, uma reanálise de sua obra e um renovado interesse (bastante intenso atualmente) pelas ideias de Durkheim sobre o suicídio. Diversos autores contextualizam a teoria durkheimiana sobre o suicídio na perspectiva holística do momento histórico da construção da sociologia, que tentava explicar a variação de sua incidência verificada em ambientes sociais distintos, não considerando sua a tarefa de explicar casos individuais de suicídio (Berk, 2006, p.60).

Ainda no terreno da Sociologia, convém mencionar um ensaio pouco conhecido escrito por

Karl Marx (1818-1883) em 1846: *Peuchet: vom Selbstmord.*

Nessa obra, na qual Marx analisa quatro casos de suicídio, apresenta-se o suicídio como resultante da opressão social. Para provar sua tese, o autor escolheu três casos de suicídio de mulheres e apenas um masculino, apesar de já naquela época o suicídio predominar amplamente entre os homens, como exemplos de vítimas do patriarcado, considerado como uma forma de opressão que sobreviveu à Revolução Francesa.

Diferentemente de Durkheim, que não se aventurava no terreno individual, Marx tenta aplicar sua teoria social a casos individuais. Do ponto de vista metodológico, a principal crítica à sua abordagem é a falta de rigor, que começa com a seleção dos casos, claramente não representativos, da população que pretendia descrever. Em seguida, as informações sobre os casos não são sistemáticas, mas anotações episódicas e incidentais, coligidas por Jacques Peuchet, um diretor dos arquivos da polícia de Paris, e publicadas em 1838.

Esse texto permanece mais como curiosidade literária e histórica, sem maior valia científica, não tendo sido nem mesmo incluído na edição canônica das *Obras completas* de Marx-Engels.

A segunda metade do século XX testemunhou uma retomada tanto da perspectiva filosófica quanto da abordagem médica no entendimento do suicídio.

Albert Camus foi um filósofo, romancista, jornalista e teatrólogo de ascendência francesa, nascido na Argélia em 1913 e falecido em acidente automobilístico em 1960. Em 1957, recebeu o Prêmio Nobel de Literatura por sua importante produção literária, cuja clarividência ilumina os problemas da consciência humana em nossos tempos.

A importância de Camus para a suicidologia decorre do fato de ele haver recolocado a questão do suicídio no terreno da filosofia. Com efeito, no prefácio de sua obra *O mito de Sísifo*,[1] ele afirma que "só existe um problema filosófico realmente sério: o suicídio. Julgar se a vida vale ou não a pena ser vivida é responder à questão fundamental da filosofia" (p.19).

Com grande lucidez, e crítica a Durkheim, Marx e seu seguidores, Camus (ibid., p.20) assinalou que "sempre se tratou o suicídio como um fenômeno social" e que, embora haja "muitas causas para o suicídio, nem sempre as causas aparentes foram as mais eficazes".

Para Camus, a existência humana é definida pelo absurdo que nasce da confrontação entre duas forças opostas: o apelo humano pelo conhecimento de sua razão de ser e o silêncio irracional do mundo

---

1 Outras obras em que Camus também abordou a questão do suicídio são *O estrangeiro, Calígula* e *O rebelde.*

que o cerca. Encontrar um sentido para a vida e eliminar o absurdo fundamental não pode ser conseguido pela negação de nenhuma dessas duas forças: por um lado, dar um sentido à irracionalidade do mundo e à inevitabilidade da morte poderia ser conseguido, por exemplo, a partir da aceitação de deuses e de religiões, e também por meio da construção de projetos e objetivos que guiariam a vida. Segundo Camus, nenhuma das duas alternativas são soluções, pois deuses e religiões não eliminam o absurdo, apenas o ocultam, e o futuro não existe, vivemos aqui e agora; logo, o absurdo decorrente da irracionalidade do mundo não pode ser negado. Por outro lado, abdicar de conhecer sua razão de ser é abdicar de sua própria natureza humana; uma das formas de superar o absurdo decorrente de sua confrontação seria o suicídio. Porém, o suicídio fica excluído na medida em que *resolve* o absurdo, e o absurdo não pode ser resolvido, pois ele é o gerador de uma energia que não apenas o *rejeita*, mas que exalta a vida e as paixões do homem absurdo, que não abdica, mas se *revolta*.

Essa revolta consiste em conhecer nossa condição de mortais e, ao mesmo tempo, enfrentá-la com a razão e a inteligência. A revolta é a recusa do niilismo, é a recusa do suicídio pelo condenado à morte. Para Camus, se o suicídio é o único problema filosófico realmente sério, a revolta é uma das únicas posições filosóficas coerentes.

Em *O mito de Sísifo*, depois de discutir algumas abordagens do absurdo da vida (o don-juanismo, a comédia, a conquista), Camus compara o absurdo da existência humana ao de Sísifo, figura da mitologia grega condenada pelos deuses a empurrar incessantemente um rochedo para o alto de uma montanha, de onde ele tornava a cair por causa do próprio peso. A superação do absurdo consiste na execução da tarefa. "A própria luta para chegar ao cume basta para encher o coração de um homem. É preciso imaginar Sísifo feliz" (Ibid., p.124).

Em 1962, o Prêmio Nobel de Medicina foi atribuído a Francis Crick, James Watson e Maurice Wilkins pela descoberta da estrutura molecular do DNA (a "dupla hélice"), descoberta que acabou desencadeando uma verdadeira revolução no entendimento da biologia em geral e, em particular, de inúmeras doenças.

O suicídio não ficou à margem disso e inúmeros estudos foram iniciados buscando elucidar quais poderiam ser suas bases biológicas. Todavia, a metodologia desse tipo de estudo é extremamente complexa (assim como o próprio suicídio) e estamos longe de resultados satisfatórios.

Nessa linha de raciocínio, a Fundação Nobel organizou em 2008 uma reunião científica que congregou os principais pesquisadores da genética do suicídio no cenário internacional. Após quatro dias de trabalhos, vários estudos animadores foram apresentados, porém nenhum deles foi conclusivo. Os resultados desse encontro podem ser lidos no volume 25, n°. 5 de *European Psychiatry* (Hoven et al., 2010).

Entre o final do século XX e o início do XXI, houve a consolidação da abordagem do suicídio pela saúde pública, com ênfase em sua prevenção. Nessa abordagem transdisciplinar, podemos observar diversas das vertentes anteriores do entendimento do suicídio: a filosófico-conceitual, a médica, a psicológica e a sociológica. Tal abordagem serviu como base para esta obra.

3

O suicídio no mundo

■ Frequência

Desde a sua criação, em 1948, a OMS passou a colher sistematicamente dados sobre mortalidade em todos os seus países-membros. Os dados sobre mortalidade devida ao suicídio mostram uma tendência crescente quase que uniforme das taxas em todos os países para os quais a informação está disponível. Além disso, uns poucos países dispõem de dados sobre a mortalidade por suicídio desde antes da fundação da OMS, alguns deles desde o século XIX. Em todos eles, observa-se a mesma tendência crescente das taxas de mortalidade por suicídio (Figura 3.1).

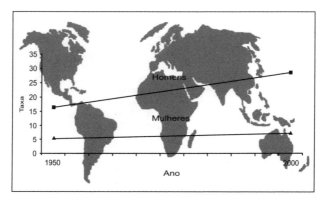

Figura 3.1. Evolução global das taxas de suicídio (1950-2000).

A partir do final dos anos 1990, pode-se notar uma discreta redução nas taxas de suicídio em alguns países, mercê de esforços bem orientados para a sua prevenção, o que veremos mais adiante.

Em valores absolutos, atualmente, cerca de um milhão de pessoas se suicidam por ano em todo o mundo, segundo os dados da OMS.[1] No Anexo, há uma tabela que mostra as taxas de mortalidade por suicídio, desagregadas por sexo, para todos os países que notificam regular e oficialmente à OMS a mortalidade em seu território. Contudo, em termos geográficos, a distribuição dessa mortalidade não é uniforme, o que resulta em grandes variações de um

---

[1] Disponível em http://www.who.int/mental_health/prevention/suicide/suicideprevent/en/index.html.

O suicídio no mundo | Capítulo 3

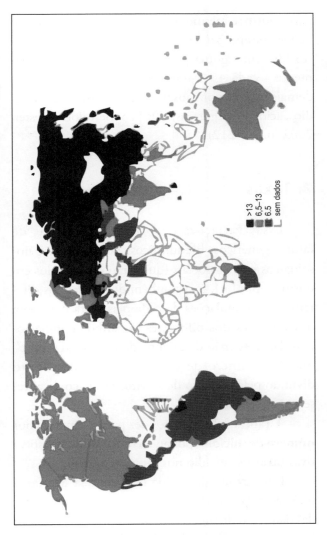

Figura 3.2. Mapeamento das taxas de suicídio.

país a outro, e mesmo de uma região a outra, dentro de um mesmo país (Figura 3.2). Isso representa um suicídio em alguma parte do mundo aproximadamente a cada 45 segundos, e é mais que todas as demais mortes por causas violentas juntas (homicídios, acidentes e guerras) (De Leo, Bertolote e Lester, 2002, p.183-212).

■ Taxas

Essas variações decorrem não apenas de fatores genéticos, bioquímicos, demográficos, nosológicos e psicossociais (que serão examinados em outros capítulos), mas também dos tamanhos diferentes das populações de cada país. Para dar conta das variações dos diferentes tamanhos populacionais, lança-se mão de uma medida chamada "taxa", que é o número de casos de um dado evento dividido pelo número de sujeitos em risco de apresentar aquele evento.

A Tabela 3.1 mostra os dez países com o maior **número** de suicídios por ano, comparados às respectivas **taxas** de suicídio nos mesmos anos.

Em virtude da maior consistência das taxas sobre as frequências de suicídio, estas serão empregadas daqui em diante, exceto quando uma explicação justificar o uso de frequências.

Tabela 3.1. Classificação de países de acordo com o número absoluto de suicídios (estimativa para o ano 2000) e por taxa de suicídio (ano mais recente disponível).

País	Número absoluto de suicídios	Classificação por nº absoluto	Taxa por 100.000	Classificação por taxa de suicídio
China	195.000	1º	16,1	24º
Índia	87.000	2º	9,7	45º
Rússia	52.500	3º	41,5	3º
Estados Unidos	31.000	4º	11,9	38º
Japão	20.000	5º	16,8	23º
Alemanha	12.500	6º	15,8	25º
França	11.600	7º	20,7	14º
Ucrânia	11.000	8º	22,6	11º
Brasil	5.400	9º	3,5	71º
Sri Lanka	5.400	10º	31	7º

Fonte: OMS, 1999.

coleção saúde e cidadania | o suicídio e sua prevenção

Tentativas de suicídio

Todavia, devemos saber que a qualidade da informação sobre as tentativas de suicídio não são da mesma natureza e qualidade daquela sobre a mortalidade causada pelo suicídio. Enquanto a informação sobre suicídio é baseada em relatórios periódicos enviados pelos países à OMS, e criteriosamente verificada quanto à sua acurácia, não existem registros equivalentes para as tentativas de suicídio. O que se sabe a esse respeito decorre de estudo clínico-epidemiológicos específicos e circunstanciais; a maioria desse estudos cobre áreas geográficas relativamente circunscritas, em geral uma cidade ou a área de cobertura de dado hospital que atende casos de tentativa de suicídio. A Figura 3.3 resume os achados do mais importante estudo sobre tentativas de suicídio, o Parasuicide Study, conduzido sob a égide do escritório regional da OMS para a Europa, e realizado em 21 cidades europeias (Schmidtke et al., 1996, p.327-338).

Qualidade da informação

Deve-se destacar que, embora a qualidade da informação sobre mortalidade enviada pelos países à OMS (uma obrigação constitucional vigente para

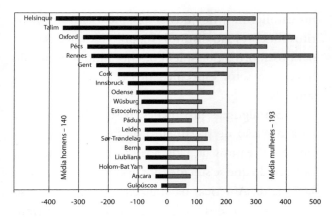

Figura 3.3. Resultados do Parasuicide Study.

todos os países membros da OMS) seja criteriosamente verificada por seus técnicos, o mesmo não se pode dizer sobre as informações não enviadas. Em outras palavras, pode-se garantir que a informação sobre suicídio constante do banco de dados sobre mortalidade da OMS representa uma informação mínima, e aceita-se amplamente que isso representa um sub-registro da mortalidade causada pelo suicídio, ou seja, o número real de casos de suicídio deve ser maior do que o indicado pelos registros.

Diversos fatores são responsáveis por esse sub-registro da mortalidade devida ao suicídio: religiosos, financeiros, securitários, sociais etc. Em algumas religiões que consideram o suicídio um grave pecado ou uma ofensa à religião (por exemplo, no catolicismo, no judaísmo e no islamismo), os ritos fúnebres são distintos (e, por vezes, recusados) para os mortos por suicídio, chegando a ponto de haver um setor específico nos cemitérios para os suicidas.

Em algumas jurisdições, o suicídio é motivo para negação de pagamento de benefícios funerários e de seguros de vida aos sobreviventes de um assegurado que se suicide (por exemplo, nos Estados Unidos da América; na Inglaterra antiga, em caso de suicídio, todos os bens do falecido passavam automaticamente ao Estado, não cabendo nada aos herdeiros naturais ou legais). Em outras regiões o suicídio é percebido como uma falha dos familiares do suicida, que terão grande interesse em ter o diagnóstico da causa de morte registrado sob outra causa (por exemplo, no Sri Lanka). Finalmente, em certos países o suicídio é considerado um crime (como na Índia), e como tal é tratado, com longos e penosos inquéritos dos quais familiares e médicos têm interesse em se esquivar.

O resultado de todos esses fatores é o mencionado sub-registro, que tem duas consequências nefastas tanto para a saúde pública quanto para a população. A primeira diz respeito aos programas de prevenção do suicídio, que são retardados, negligenciados ou simplesmente inexistentes devido à percepção distorcida de que se trata de um problema "menor"; casos de suicídio que poderiam ser interceptados ou evitados não o são, com perdas de vidas, perdas econômicas e sofrimento de inúmeras pessoas. A segunda afeta a seleção de outras prioridades para intervenção: os casos reais de óbito por suicídio não registrados como tal acabam sendo registrados sob outras causas (no mais das vezes, acidentes, problemas cardiocirculatórios ou vasculares cerebrais), o que as inflaciona indevidamente e leva à implementação de programas superdimensionados, com gastos excessivos que talvez não fossem justificados com base em informações corretas.

◼ Ônus do suicídio

Além das tradicionais medidas de frequência absoluta e relativa (taxa) de um agravo à saúde, a partir de meados dos anos 1990 passou-se a empregar outra medida, o fardo global das doenças (GBD, sigla de *Global Burden of Disease,* em inglês), que resume o impacto da mortalidade e da morbidade (incapacidade) combinadas. Essa medida é mais conhecida por DALY, o acrônimo em inglês de *Disability Adjusted Lost Years* (anos perdidos corrigidos pela incapacidade). Em suma, o DALY indica o impacto socioeconômico de uma dada doença ou condição; a soma de todas elas obviamente é de 100%, e cada doença ou condição representa uma porcentagem desse total. Cálculos feitos pela OMS para o ano de 2008 indicaram que a maior porcentagem do total de GBD ficou com as infecções respiratórias (6,8%), seguido das doenças diarreicas (6,2%) e da depressão (4,3%); o suicídio aparece com 1,3%, no mesmo nível que o diabetes (OMS, 2008).

Entretanto, ocorrem importantes variações na distribuição regional do GBD, o que reflete não apenas a diferença das frequências, mas também as diferenças da distribuição etária do suicídio. Assim, duas regiões do globo possuem os DALYs devidos ao suicídio bem acima da média, a região do Pacífico Ocidental (com 2,6%) e a região europeia (1,8%). A distribuição dos DALYs regionais relativos ao suicídio pode ser vista na Tabela 3.2.

Tabela 3.2. Ônus do suicídio, por região OMS (2004).

Região	Número de óbitos	DALYs (%)
África	50.000	0,3
América	69.000	1,1
Mediterrâneo Oriental	36.000	0,8
Europa	151.000	2,0
Sudeste Asiático	252.000	1,6
Pacífico Ocidental	286.000	2,0
Mundo	844.000	1,3

Outro indicador introduzido mais recentemente mede os anos de vida produtiva perdidos, seja devido a incapacidades, seja pelo óbito (YLL, do inglês *Years of Life Lost*). A Tabela 3.3 utiliza esse indicador para mostrar a posição do suicídio (lesões autoinfligidas) de jovens de 15 a 44 anos de idade em relação a outros agravos à saúde. Como podemos ver, para essa faixa etária, agravos preocupantes, como outras formas de violência, esquizofrenia e transtorno bipolar, têm menos impacto que o suicídio.

Tabela 3.3. Principais causas de anos perdidos devidos a uma incapacidade (YLLS).

Ambos os sexos, 15-44 anos, estimativas para 2000	
1 HIV/AIDS	13%
2 Transtornos depressivos	8,6%
3 Acidentes de trânsito	4,9%
4 Tuberculose	3,9%
5 Transtornos por uso de álcool	3%
6 Lesões autoinfligidas	2,7%
7 Anemia ferropriva	2,6%
8 Esquizofrenia	2,6%
9 Transtorno afetivo bipolar	2,5%
10 Violência	2,3%

Fonte: World Health Organization, 2001.

■ Suicídio e gênero

Historicamente, o suicídio tem predominado no sexo masculino, em todas as faixas etárias: até por volta de 1980-1990, as taxas de suicídio masculinas eram 3 a 4 vezes mais elevadas do que as femininas.

A explicação mais aceita para essa diferença diz respeito aos métodos empregados para o suicídio (veja adiante). De modo geral, predomina entre os homens o emprego de métodos suicidas violentos, de alta letalidade (como, por exemplo, armas de fogo, enforcamento, atirar-se de lugares altos etc.), ao passo que as mulheres escolhem métodos menos letais (por exemplo, envenenamento, cortar-se, queimar-se etc.).

Até o final dos anos 1990, uma notável exceção a essa predominância praticamente universal do suicídio entre os homens era encontrada na China, onde, nas zonas rurais, as taxas de suicídio das mulheres entre 25 e 34 anos predominavam sobre as dos homens (mas nas zonas urbanas eram praticamente idênticas – veja Tabela 3.4). Contudo, os dados mais recentes referentes à China, posteriores ao ano de 2005, indicam que essa predominância deixou de existir, e tanto em zonas rurais quanto urbanas chinesas as taxas masculinas predominam levemente sobre as femininas.

Tabela 3.4. Principais causas de óbito, 15-35 anos, 2002.

Europa		
Ambos os sexos	Homens	Mulheres
1 Acidentes de trânsito	Acidentes de trânsito	Câncer (todos)
2 Suicídio	Suicídio	Acidentes de trânsito
3 Câncer (todos)	Câncer (todos)	Suicídio

	China		
	Ambos os sexos	**Homens**	**Mulheres**
1	Suicídio	Acidentes de trânsito	Suicídio
2	Acidentes de trânsito	Câncer (todos)	Câncer (todos)
3	Câncer (todos)	Suicídio	TR. cardiovascular

Entretanto, vem-se observando, a partir dos anos 1980-1990, uma sensível diminuição da diferença das taxas de suicídio entre homens e mulheres (Fleischmann e Bertolote, 2008, p.703-709). Há duas explicações plausíveis principais para essa redução. Por um lado, o crescente aumento da igualdade entre homens e mulheres observado em diversos domínios – direitos, comportamento, participação políticas, acesso a bens e posições etc. – poderia, direta ou indiretamente, haver contribuído para uma aproximação das taxas de suicídio dos dois sexos (ou gêneros, o que seria mais apropriado neste contexto). Essa explicação engloba também a escolha do método do suicídio, pois cada vez mais mulheres estão empregando métodos tradicionalmente "masculinos" (como armas de fogo e enforcamento), que são mais letais. Por outro lado, as taxas de suicídio disponíveis até 1980-1990 certamente refletiam a situação vigente em países europeus e norte-americanos (basicamente, países industrializados), de onde provinham então as informações. A análise de dados de mortalidade em países sul-americanos, africanos e, sobretudo, asiáticos disponíveis a partir do ano 2000, indicou uma diferença sensivelmente menor entre homens e mulheres quanto às taxas de mortalidade por suicídio (basicamente, em países em vias de desenvolvimento), o que certamente afetou as médias mundiais no sentido da diminuição dessa diferença, que está hoje em torno de 2,8 para 1.

É interessante notar que, no que concerne às tentativas de suicídio, a situação é inversa, ou seja, no geral, as taxas mais elevadas de tentativas de suicídio são observadas em mulheres, o que talvez possa ser um reflexo da escolha do método de suicídio empregado.

■ Suicídio e idade

Se considerarmos as médias mundiais, as taxas de suicídio mais elevadas são encontradas entre as pessoas mais idosas – pico atual na faixa etária de 75 anos ou mais, e há mesmo uma relação direta positiva entre idade e taxa de suicídio, conforme pode ser visto na Figura 3.4. Note-se, entretanto, que falamos de taxas, e não de frequência, pois, tendo em vista o predomínio do número de jovens sobre o de idosos, o número absoluto de casos de suicídio de jovens predomina sobre o número de casos ocorridos entre idosos.

Todavia, de maneira parecida à relação entre suicídio e gênero, em diversos países houve mudanças dramáticas e, atualmente, as mais altas taxas de suicídio são observadas em outras faixas etárias, como na Nova Zelândia (pico entre 25 e 34 anos) e no país com a maior longevidade do planeta, o Japão (pico entre 55 e 64 anos) (ver Figura 3.4).

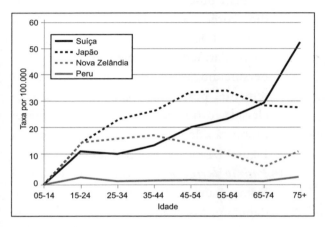

Figura 3.4. Suicídio e idade.

■ Padrões culturais do suicídio

A comparação da distribuição das taxas de suicídio por sexo e idade nos diversos países do mundo permite evidenciar alguns padrões básicos, dos quais os principais são (Bertolote e De Leo, *Suicide Mortality Among the Elderly*, em preparação):

a) *Padrão europeu*, cuja representação gráfica é uma curva que sobe progressivamente com a idade, com o pico além dos 65 anos. É o padrão que foi originalmente descrito (por autores europeus) como o típico padrão da distribuição etária das taxas de suicídio. Porém, atualmente, é observado em não mais de cerca de um terço dos países, particularmente naqueles com altas taxas de suicídio, e cuja população, coincidentemente, possui uma expectativa de vida elevada, o que resulta numa considerável proporção de idosos na população geral. A Figura 3.4 mostra esse padrão para a Suíça.

b) *Padrão latino-americano*, que tem uma forma plana na base do gráfico. Inesperadamente, esse padrão é o mais frequente atualmente: cerca de 40% dos países o apresentam. Característico de países com baixas taxas de suicídio, estas variam pouco através das diferentes faixas etárias. Outra característica desses países é uma expectativa de vida relativamente baixa, com um predomínio de jovens em sua população, como é o caso de vários países latino-americanos (como o Peru, incluído na Figura 3.4) e quase todos os países com população predominantemente muçulmana.

c) *Padrão japonês*, cuja curva é em forma de sino, com o pico no centro do gráfico. Cerca de um quarto dos países apresenta atualmente esse padrão, cujo pico pode se encontrar entre os 35 e 44 anos (por exemplo, na Inglaterra), entre os 45 e 54 anos (por exemplo, na Bélgica) ou entre os 55 e 64 anos (por exemplo, no Japão, representado na Figura 3.4). A maioria desses países é industrializada.

d) *Padrão das ilhas do Pacífico*, representado por uma curva cujo pico se encontra em idades mais baixas e que cai daí em diante. Em geral, o pico se encontra abaixo dos 35 anos, e é o mais infrequente de todos. Além da Nova Zelândia, indicada na Figura 3.4, e de diversas outras ilhas do Oceano Pacífico, ele é observado, por exemplo, na Irlanda e no Cazaquistão.

■ Métodos de suicídio

Como veremos na segunda parte deste livro, na interceptação do processo suicida, a redução do acesso aos métodos para o suicídio ocupa papel de destaque, graças a sua eficiência (medida através de uma alta eficácia aliada a um baixo custo).

Em decorrência disso, é útil sabermos algo mais sobre tais métodos.

A primeira consideração é que podemos classificar os métodos empregados para o suicídio numa escala que letalidade, que vai do menos letal (por exemplo, ingerir substâncias inócuas, ou cortar-se superficialmente em partes do corpo que não representam risco para a vida) até uma extrema letalidade (como, por exemplo, dar-se um tiro na cabeça ou ingerir uma substância praticamente letal, como o cianureto).

Entretanto, essa escala de letalidade não deve ser tomada em valores absolutos, e pode ser modificada por acesso e presteza de cuidados médicos. Uma mesma dose de um veneno (como um pesticida organofosforado) pode ser letal se ingerida numa zona rural de difícil acesso a recursos médico-hospitalares que disponham de pessoal, equipamento e medicamentos para reverter prontamente o envenenamento, e não letal, se ocorrer em zona urbana de fácil acesso ao tratamento adequado, principalmente pronto atendimento no local onde se deu o envenenamento (e isso vale também para envenenamentos acidentais).

Ao estudarmos os métodos que foram empregados em casos de suicídio (e também de tentativas de suicídio), ficamos com uma forte impressão do peso de fatores socioculturais na determinação de sua escolha. Isso vai desde a sua disponibilidade (ou não) no ambiente no qual vivem os sujeitos, passa por mediadores como gênero e idade e chega à facilitação/permissão para seu emprego. Uma consequência direta da articulação desses fatores é demonstrada pela enorme variação dos métodos empregados em um país ou região.

Tomemos a Inglaterra e o País de Gales como exemplos. O método de suicídio mais empregado nessa região é o enforcamento (cerca de 50% dos casos), seguido por envenenamento por gases (cerca de 10%); todos os demais métodos combinados somam cerca de 40%. A Austrália, país de colonização recente pela Inglaterra, possui o seguinte ordenamento decrescente dos métodos empregados em casos de suicídio: enforcamento, 40%; envenenamento por gases, 30%; e todos os demais métodos combinados, cerca de 30%. Comparemos com o Sri Lanka, com o seguinte ordenamento: envenenamento por pesticidas, 65%; enforcamento, 10%; afogamento, 8%; imolação pelo fogo, 5%; e todos os demais métodos combinados, cerca de 12%. No caso da China, o ordenamento é o seguinte: pesticidas, 55%; enforcamento, 20%; afogamento, 8%; saltar de lugares altos, 5%; todos os demais métodos combinados, cerca de 22% (Bertolote et al., 2006a) (veja a Figura 3.5).

São notáveis as diferenças entre Inglaterra/Austrália, de um lado, e China/Sri Lanka, de outro,

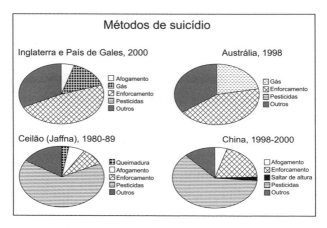

Figura 3.5. Métodos de suicídio.

quanto ao emprego de pesticidas como método de suicídio. O método mais empregado nos dois últimos países é totalmente ausente nos dois primeiros, e a explicação não é difícil: os pesticidas organofosforados, largamente empregados na China, no Sri Lanka, na Índia, no Vietnã e em inúmeros outros países de baixa renda, encontram-se banidos por convenções internacionais, às quais a Inglaterra, a Austrália e a maior parte do mundo industrializado aderiram, proibindo-os em seus territórios. Contudo, inúmeros países da Ásia, da África e da América Latina, com economias amplamente agrárias, fazem vistas grossas a essas convenções, o que resulta na perda de milhares de vidas todos os anos (Bertolote et al., 2006b, p.201-203).

4

O suicídio no Brasil

Em comparação com as médias mundiais, as taxas de suicídio no Brasil podem ser consideradas baixas. Segundo dados oficiais do Sistema de Informação de Mortalidade (SIM) do Ministério da Saúde do Brasil, em 2008 – último ano para o qual há dados disponíveis – a taxa global foi de 4,8 suicídios por 100 mil habitantes, sendo 7,2 para os homens e 2 para as mulheres. Entretanto, ao olharmos para o número de casos de suicídio que aqui ocorrem todos os anos, observamos que, em função do tamanho da população brasileira, o Brasil se encontra entre os doze países do mundo onde há mais mortes por suicídio: 9.206 óbitos apenas no ano de 2008, segundo o SIM.

Entretanto, esses números certamente não refletem toda a realidade, pois no Brasil, como em muitos outros países, há um sub-registro da mortalidade por suicídio, devido a diversas razões: religião, estigma, preconceito, implicações policiais e legais etc. De acordo com o IBGE, cerca de 15,6% dos óbitos que ocorrem no Brasil não são registrados e, dos que o são, 10% são registrados como "causa externa de tipo ignorado", o que não deixa saber se foram por acidente, homicídio ou suicídio (Drumon Júnior et al., 1999, p.273-280).

Porém, mais que os valores pontuais, impressiona a variação temporal das mortes por suicídio no Brasil: Mello Santos e colegas (2005, p.131-134) relataram um aumento de 21% das taxas de suicídio entre 1980 e 2000, e Lovisi e colaboradores (2009, p.86-93), de 29,5%, entre 1980 e 2006. Vale notar que todos esses aumentos, por serem taxas, já levam em conta o crescimento vegetativo da população; por exemplo, enquanto o aumento da população brasileira entre 1998 e 2008 foi de 17,8%, o da taxa suicídio observada por Weiselfisz (2011) foi de 33,5%. A Figura 4.1 mostra a evolução das taxas de suicídio por 100 mil habitantes no Brasil entre 1980 e 2008, por sexo.

Embora as taxas das mulheres pouco tenham variado nesse período, as taxas dos homens aumentaram cerca de 90%. Contudo, esses números globais ocultam importantes variações conforme o sexo, a idade e a região geográfica, como veremos a seguir.

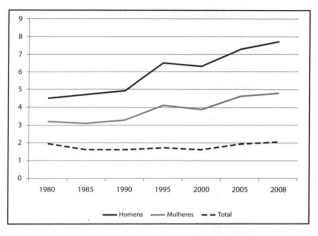

Figura 4.1. Variação temporal das taxas de suicídio (por 100.000) no Brasil, por sexo.

Variações regionais

As taxas de suicídio ajustadas por idade, calculadas para as diversas regiões geopolíticas do Brasil por Botega e colaboradores, para os anos de 2004 a 2008, revelou importantes diferenças, apresentadas na Tabela 4.1, com um claro gradiente que cresce do Norte para o Sul.

coleção saúde e cidadania | o suicídio e sua prevenção

Tabela 4.1. Taxas regionais de suicídio (por 100.000) ajustadas por idade; Brasil 2004-2008.

Região	Taxa
Norte	4,7
Nordeste	5,1
Sudeste	4,8
Centro-Oeste	7,5
Sul	9,4
Brasil	4,6

◼ Idade

A Tabela 4.2 mostra a distribuição do número de casos de suicídio ocorridos no Brasil em 2008 (ano mais recente para o qual se dispõe de dados oficiais), ao passo que a Tabela 4.3 apresenta as taxas correspondentes, por 100 mil habitantes. Nelas, podem ser observadas, ao mesmo tempo, grandes variações segundo o sexo e a idade.

O padrão da distribuição etária masculina corresponde ao que se convenciona chamar de "padrão europeu", no qual há um aumento constante proporcional à idade, ao passo que o feminino segue o "padrão latino-americano", no qual há pouca variação através das diferentes faixas etárias. Isso pode ser visualizado claramente na Figura 4.2.

O suicídio para os jovens na faixa de 5 a 14 anos foi uma condição infrequente; entretanto,

Tabela 4.2. Frequência de suicídios no Brasil, em 2008, por sexo e idade.

Idade (anos)	5-14	15-24	25-34	35-44	45-54	55-64	65-74	75+	Total
Homens	55	1.375	1.706	1.413	1.193	762	442	318	7.289
Mulheres	49	398	365	377	366	198	110	52	1.917
Total	104	1.773	2.071	1.790	1.559	960	552	370	9.206

Fonte: Ministério da Saúde, 2012.

Tabela 4.3. Taxa de suicídios no Brasil em 2008 (por 100.000 habitantes), por sexo e idade.

Idade (anos)	5-14	15-24	25-34	35-44	45-54	55-64	65-74	75+
Homens	0,3	7,9	10,5	10,9	11,6	12	12,7	15,6
Mulheres	0,3	2,3	2,2	2,8	3,3	2,8	2,6	1,8
Total	0,3	5,2	6,3	6,7	7,3	7,1	7,1	7,6

Fonte: Ministério da Saúde, 2012.

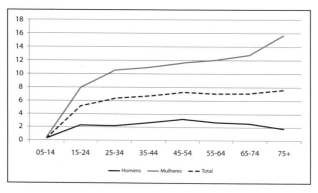

Figura 4.2. Distribuição etária das taxas de suicídio, por sexo. Brasil, 2008.

houve um grande aumento para a faixa etária de 15 a 24 anos. Num período de 20 anos, a taxa global de suicídio dessa faixa etária passou de 0,4 para 4,0, ou seja, um aumento de 10 vezes. Mais uma vez, o sexo masculino foi responsável pelo maior aumento, crescendo cerca de 20 vezes no período (de 0,3 para 6,0). O crescimento de suicídio das mulheres na faixa de 15 a 24 anos foi menor do que a taxa global do estrato. Porém, ainda assim, foi de cerca de 4 vezes (de 0,5 para 2,0).

■ Sexo

No que diz respeito ao sexo, observamos um nítido predomínio da frequência e das taxas no sexo masculino, o que é a regra em praticamente todo o mundo. Essa predominância tende a aumentar progressivamente com a idade, exceto para o grupo 25-44 anos, que se destaca para mais, e para o grupo 45-54 anos, para menos.

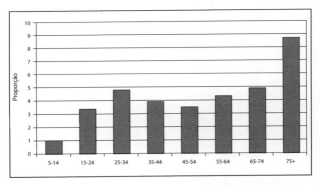

Figura 4.3. Diferença proporcional nas taxas de suicídio entre homens e mulheres, por faixa etária. Brasil, 2008.

■ Método

De acordo com Lovisi e colaboradores (op. cit., p.86-94), os métodos mais empregados para o suicídio no Brasil são, pela ordem de frequência, enforcamento, envenenamento e armas de fogo. Enforcamento e armas de fogo foram mais frequentes entre os homens, ao passo que o envenenamento foi mais frequente entre as mulheres. O envenenamento por pesticidas foi particularmente frequente nas regiões Sudeste (29,7%), Sul (28,6%) e Nordeste (19,8%), e o envenenamento por medicamentos nessas mesmas regiões foi de, respectivamente, 7%, 4,1% e 3,7%.

5

Causas do suicídio

Diante da notícia de um caso de suicídio, uma reação bastante comum – e natural – é indagar sobre o que o teria causado. Contudo, poucas vezes pode-se responder com certeza e precisão a esse tipo de "por quê?", mesmo nos casos em que o suicida tenha deixado alguma nota ou mensagem "explicando" as razões de seu ato final.

Para tentar entender as circunstâncias, os motivos, as razões pelas quais alguém tira a própria vida, em último caso, qual é a "etiologia" do suicídio, deve-se esclarecer que, à diferença de uma doença infecciosa, que tem uma etiologia (ou agente etiológico) conhecida, o suicídio constitui o que se considera uma condição com multicausalidade, ou seja, mais de um fator – ou mesmo vários deles – contribui para sua ocorrência. Em linguagem técnica, diz-se que o suicídio é um comportamento multifatorial e multideterminado resultante de uma complexa teia de fatores de risco e de fatores protetores que interagem de uma forma que dificulta a identificação e a precisão do peso relativo de cada um deles.

Todavia, um conhecimento aprofundado dos fatores causais dos comportamentos suicidas vai bem além do interesse – quiçá excessivamente mórbido – do público, em geral, e de certa imprensa sensacionalista, em particular, e se revela de grande relevância para sua prevenção, importância até mesmo fundamental a esse respeito, como veremos na segunda parte deste livro.

Para entender melhor a ação desses diversos fatores, e sua inter-relação, é útil dividi-los em fatores predisponentes e fatores precipitantes, que são, conjuntamente, considerados como **fatores de risco** para o suicídio.

Fatores de risco: predisponentes e precipitantes

Desde o século XIX, a identificação dos fatores de risco para o suicídio tem atraído a atenção da maioria dos cientistas e pesquisadores interessados nesse fenômeno, que produziram uma vasta literatura sobre esse tema. Isso resultou numa lista quase interminável de fatores, que cobrem os domínios biológico, psicológico, social e espiritual, revelando as várias áreas de atuação e interesse desses escritores.

Uma das principais limitações dessa literatura decorre do fato de que, via de regra, quase a totalidade dos autores "clássicos" das causas do suicídio estudou apenas um ou outro fator de seu interesse, sem levar em conta a multicausalidade do suicídio, ou seja, sem levar em conta o papel de outros fatores que poderiam modificar, seja para mais, seja para menos, o papel dos fatores por eles estudados. Embora possam ter-se aproximado bastante da realidade empírica, em linguagem técnica diz-se que deixaram de controlar variáveis importantes e que seus resultados e suas conclusões são distorcidos ou enviesados.

Tanto do ponto de vista conceitual quanto do ponto de vista prático, é importante diferenciar fatores predisponentes – que criam o terreno no qual vai se instalar um processo suicida (por exemplo, determinadas constituições genéticas ou genótipos, certos traços de personalidade) – de fatores precipitantes (por exemplo, perdas significativas – emprego, posição social, honra –, rupturas amorosas e afetivas ou situações de humilhação), que, agindo em terreno propício, provocam a sequência final de comportamentos que levam ao suicídio. Os primeiros são também chamados de "fatores distais", por agirem muito antes do ato suicida, ao passo que os últimos são chamados de "fatores proximais", pela proximidade temporal com o ato suicida, e são os que mais comumente são percebidos, de maneira errônea, pelo público leigo (e por muitos jornalistas) como as "causas" do suicídio.

Como vimos anteriormente, dois dos fatores predisponentes ao suicídio mais significativos são o sexo masculino e a idade avançada. Todavia, gênero e idade representam fatores bimodais em relação aos comportamentos suicidas como um todo, pois, enquanto as taxas de suicídio predominam em homens idosos, as tentativas de suicídio predominam em mulheres jovens. O sexo e a idade, juntamente ao fato de ter tido uma tentativa prévia de suicídio, constituem uma tríade que, não obstante identificarem, isolada ou conjuntamente, um indivíduo com maior risco de suicídio, tem pouca utilidade prática para a prevenção do suicídio, devido ao seu caráter fixo, imutável; quando muito, são fatores importantes como sinalizadores de risco, sobre os quais praticamente não se pode interferir. O mesmo se pode dizer sobre as perdas materiais, afetivas ou morais.

Contudo, outros fatores de risco, como a presença de certos transtornos mentais (principalmente a depressão, o alcoolismo e a esquizofrenia), de determinadas doenças físicas (particularmente aquelas dolorosas, incuráveis ou terminais) e o acesso facilitado a agentes físicos letais (por exemplo, pesticidas e outras substâncias tóxicas letais, armas de fogo etc.) são potencialmente modificáveis e passíveis de eliminação, ou, ao menos, de um considerável controle. Voltaremos a isso na parte sobre a prevenção do suicídio.

Uma lista (não exaustiva) dos fatores de risco para o suicídio inclui os seguintes tópicos:

▋ Fatores predisponentes (biológicos, idiográficos, distais)

Genótipo, história familiar, função serotonérgica, reguladores neuroquímicos, características demográficas, fisiopatologia, transtornos mentais (inclusive uso/abuso de substâncias químicas), perfil de personalidade, história de abuso (físico, moral e sexual), doenças físicas graves e/ou incuráveis, doenças neurológicas, tentativas prévias de suicídio).

▋ Fatores proximais

Desesperança, intoxicação por substâncias psicoativas, impulsividade/agressividade, expectativas negativas, dor crônica intensa.

▌ Fatores precipitantes

Vergonha/humilhação pública, fácil acesso a meios de suicídio, fracasso marcante, perdas importantes (físicas, afetivas, morais), piora irreversível de doença anterior/estado terminal.

Como se pode perceber, alguns desses fatores de risco são características próprias, imutáveis, do indivíduo e têm, portanto, valia relativa para programas de intervenção, permanecendo, não obstante, como importantes sinalizadores de indivíduos "de risco". Por ora, é útil listar alguns dos principais fatores de risco controláveis ou imutáveis, o que pode ser visto na Tabela 5.1 (OMS, 2000).

▣ Fatores de proteção contra o suicídio

Uma revisão da literatura sobre os diversos fatores associados ao suicídio evidencia uma predominância de estudos, pesquisas e publicações a respeito dos fatores de risco em comparação com estudos equivalentes relativos a fatores de proteção. No entanto, o conhecimento acumulado sobre a promoção da saúde, por um lado, e experiências concretas de programas de prevenção do suicídio com base no fortalecimento de fatores de proteção,

Tabela 5.1. Fatores habitualmente encontrados em pessoas com risco de comportamentos suicidas.

Fatores predisponentes (distais em relação ao ato suicida)	Fatores precipitantes (proximais em relação ao ato suicida)	
Fatores sociodemográficos e individuais	Fatores ambientais	Estressores recentes
Tentativa(s) prévia(s) de suicídio Transtornos psiquiátricos (principalmente depressão, alcoolismo, esquizofrenia e certos transtornos de personalidade) Doenças físicas (terminais, dolorosas, debilitantes, incapacitantes, desaprovadas socialmente – como a AIDS) História familiar de suicídio, alcoolismo ou outros transtornos psiquiátricos Estado civil divorciado, viúvo ou solteiro Isolamento social Desempregado ou aposentado Luto ou abuso sexual na infância Alta recente de internação psiquiátrica	Fácil acesso a métodos de suicídio	Separação conjugal Luto Conflitos familiares Mudança de situação empregatícia ou financeira Rejeição por parte de pessoa significativa Vergonha e temor de ser considerado culpado

por outro, permitem pensar que até agora não temos explorado devidamente este filão.

Na verdade, a própria maneira de explicar e traduzir os resultados de estudos e pesquisas pode estar nos levando numa direção equivocada. Quando dizemos que o sexo masculino é um importante fator de risco para o suicídio, porque os homens se matam **mais** que as mulheres, estamos fazendo uma afirmação cujo inverso pode igualmente traduzir a mesma realidade, ou seja, o sexo feminino é um fator de proteção contra o suicídio, posto que as mulheres se matam **menos** que os homens. Obviamente pode-se arguir que isso se deve tão somente a um vezo de linguagem sexista, mas o mesmo se aplica a outro fator igualmente significativo, qual seja, a idade: os idosos se matam mais que os jovens, ou os jovens se matam menos que os idosos? As doenças mentais são um fator de risco (porque a maioria das pessoas que se suicidam tem alguma doença mental) ou um estado de bem-estar psíquico é um fator de proteção contra o suicídio?

A base do raciocínio corrente, que coloca a ênfase nos fatores de risco, decorre do fato de percebermos o suicídio como algo "anormal"; logo, tudo o que contribui para sua execução é um fator de risco, ao passo que os fatores de proteção fazem parte do "normal".

Independentemente de raciocínios epistemológicos mais rigorosos, o fato é que há evidências suficientemente fortes que demonstram que o reforço de certos fatores ditos de proteção (ou mesmo sua existência espontânea) está associado a taxas menores das diversas etapas do processo de suicídio (ideação, planos e atos), como veremos a seguir. A Tabela 5.2 resume os principais fatores de proteção, para a maioria dos quais há evidências de eficácia/eficiência.

Mais recentemente, algumas características psicológicas foram confirmadas como fatores de proteção contra a ideação e tentativas de suicídio, entre as quais a inteligência emocional (Cha e Nock, 2009, p.4222-4430), o senso de responsabilidade pela família (Chan et al., 2008, p.278-284) e objeções morais e religiosas ao suicídio (Lizardi et al., 2008, p.815-821).

O exame das taxas de mortalidade por suicídio em função da religião declarada, seja em geral, seja de religiões específicas, demonstra a importância de fatores socioculturais em sua determinação (Wasserman, 2009, p.3-7). Na linha dos estudos originais de Durkheim, ampliada para o mundo como um todo, e não apenas para países europeus, Bertolote e Fleischmann (2002, p.6-8) confirmaram a correlação existente entre certas religiões e taxas de suicídio. Tomando os dados oficiais de países com forte predominância de alguma religião específica

coleção saúde e cidadania | o suicídio e sua prevenção

Tabela 5.2. Alguns fatores considerados como protetores contra comportamentos suicidas.

Estilo cognitivo e personalidade	Padrão familiar	Fatores culturais e sociais	Fatores ambientais
Sentimento de valor pessoal	Bom relacionamento intrafamiliar	Adesão a valores, normas e tradições positivas	Boa alimentação
Confiança em si mesmo	Apoio de parte da família	Bom relacionamento com amigos, colegas e vizinhos	Bom sono
Disposição para buscar ajuda quando necessário	Pais dedicados e consistentes	Apoio de pessoas relevantes	Luz solar
Disposição para pedir conselho diante de decisões importantes		Amigos que não usam drogas	Atividades físicas
Abertura à experiência alheia		Integração social no trabalho, em alguma igreja, em atividades esportivas, clubes etc.	Ambiente livre de fumo e de drogas
Disposição para adquirir novos conhecimentos		Objetivos na vida	
Habilidade para se comunicar			

(ou a ausência oficial de qualquer delas), eles observaram que as taxas mais baixas foram encontradas em países islâmicos, ao passo que as mais elevadas, em países oficialmente ateus. Entre esses dois extremos estavam, em ordem decrescente, os países hinduístas, os cristãos e os budistas; nos países cristãos, os católicos apresentaram taxas mais baixas do que os protestantes, confirmando os achados anteriores de Durkheim (ver Figura 5.1).

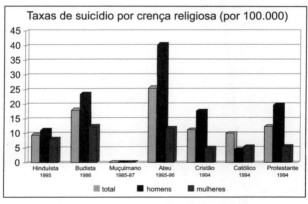

Figura 5.1. Taxa de suicídio, segundo a afiliação religiosa.

SEGUNDA PARTE
PREVENÇÃO DO SUICÍDIO

6

O que é prevenção?

Em medicina e em saúde pública, entende-se por **prevenção** qualquer medida que vise a interceptar a causa de uma doença antes que ela atinja um indivíduo, dessa forma prevenindo sua ocorrência. Ressaltamos que as medidas preventivas dependem estritamente da causa em questão, o que significa que só se pode falar de prevenção intencional quando a etiologia de uma doença é conhecida, embora existam exemplos de intervenções preventivas bem-sucedidas sem nenhum conhecimento da etiologia da doença.

Nos primeiros séculos da era cristã, a malária afetava a maior parte dos países da Europa meridional e acreditava-se que sua causa eram os miasmas (*mala aria*, em italiano) que emanavam dos charcos e pântanos. Não se tinha o menor conhecimento de microbiologia (o *Plasmodium* é o agente etiológico da malária), nem se suspeitava do papel dos mosquitos como vetores transmissores do *Plasmodium*. Contudo, a fim de evitar a *mala aria*, pântanos e charcos foram devidamente drenados, o que eliminou os criadouros dos mosquitos e obteve-se não apenas a prevenção da malária, como também a erradicação das formas autóctones dessa terrível doença no continente europeu.

Em 1854, ainda antes do advento da microbiologia, por ocasião de uma importante epidemia de cólera em Londres, John Snow, após haver observado que a maioria das pessoas afetadas tomava água procedente de determinadas fontes, conseguiu que as fontes suspeitas fossem interditadas, o que fez que a epidemia fosse debelada.

Sem embargo desses exemplos impressionantes de "atirou no que viu, acertou no que não viu", a prevenção sistemática, de caráter científico, só teve início após o desenvolvimento da microbiologia, que permitiu identificar os agentes etiológicos de diversas doenças infecciosas de alta letalidade. A microbiologia, aliada a observações clínicas de que certas doenças só afetavam as pessoas uma única vez (mesmo que sobrevivessem), abrira as portas para o desenvolvimento de vacinas, o protótipo da prevenção.

Note-se que até aqui falamos de doenças infecciosas. Porém, o conjunto das doenças crônico-degenerativas, não infecciosas, bem como certos comportamentos problemáticos (dos quais os comportamentos suicidas são um bom exemplo), que não têm uma etiologia unívoca, como as infecciosas, apresentavam dificuldades específicas.

Veremos a seguir quais modelos teóricos são mais úteis para orientar a prevenção dos diversos tipos de doenças, infecciosas ou não, e de comportamentos problemáticos.

■ Modelos conceituais de prevenção

▌ Prevenção de etapas da doença

No início dos anos 1960, Leavell e Clark (1965) propuseram um modelo de prevenção de doenças que rapidamente se tornou o paradigma fundamental da saúde pública, até os dias de hoje. Partindo do que se sabia sobre a prevenção das doenças infecciosas, conceberam um modelo que dava conta também de praticamente todas as demais doenças.

Esse modelo se baseia na história natural das doenças e permite considerar a prevenção mesmo na ausência de um conhecimento acabado de sua etiologia; para aquelas doenças cuja etiologia precisa é desconhecida, basta levar em conta o que se sabe de sua fisiopatogenia, ou daquilo que Leavell e Clark chamaram de "horizonte da doença", com quatro tempos básicos: período pré-patológico, prodrômico, patológico e convalescença. A Figura 6.1 nos mostra uma visão diagramática desse modelo, com seus tempos, suas etapas e indicações de alguns exemplos.

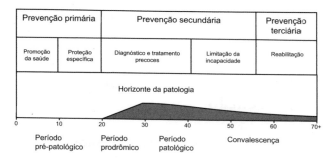

Figura 6.1. Níveis de prevenção.

Em outras palavras, a originalidade desses dois autores tem relação com a proposição da ampliação do conceito de prevenção como interceptação da causa primeira das doenças, para o de prevenção de qualquer etapa de sua evolução natural, mesmo que a doença já tenha sido desencadeada. Isto pressupõe a doença como uma entidade categorial, que reflete uma ruptura qualitativa do estado de saúde, e não meramente uma variação quantitativa na dimensão de um determinado estado ou traços.

Basicamente, este modelo nos fala de três níveis de prevenção: primária, secundária e terciária, que correspondem, grosso modo, ao que até então se chamava, respectivamente, de promoção da saúde e proteção específica, tratamento e reabilitação.

- A **prevenção primária** cobre atividades relacionadas tanto à promoção geral da saúde (que funciona de maneira inespecífica, seja no plano físico, seja no plano psíquico; seja para doenças infecciosas, seja para doenças degenerativas e transtornos mentais) quanto a proteção específica contra determinadas doenças também específicas (por exemplo, a imunização, que é sempre específica para uma dada doença infecciosa e, por vezes, para determinadas formas de doenças causadas por uma variedade em especial de um dado agente etiológico, como é o caso da vacina contra a gripe, que protege apenas contra determinadas variantes do vírus que a causa). Esta etapa constitui o que tradicionalmente se considerava como prevenção, no sentido de interceptar o agente antes que este atingisse uma pessoa e desencadeasse um processo mórbido.

- A **prevenção secundária** corresponde à detecção precoce de um processo patogênico e à pronta instituição de um tratamento, com o propósito de interromper e, se possível, reverter aquele processo, desta forma prevenindo o sofrimento, eventuais incapacidades e, por extensão, o óbito. Aqui não se trata mais de prevenir a doença, no sentido de impedir que ela ocorra, mas de prevenir sua evolução e seu agravamento, uma vez que ela já se tenha iniciado.
- Já a **prevenção terciária** diz respeito a medidas que se tomam, uma vez o processo patogênico interrompido ou estabilizado, para devolver à pessoa afetada o máximo possível de sua capacidade funcional que tenha sido afetada pela doença, ou para evitar mortes prematuras.

Mais adiante discutiremos como se pode aplicar o modelo de Leavell e Clark na prevenção do suicídio, ou do que é mais adequado a este modelo, do processo do suicídio.

▎ Prevenção baseada em nível de risco

Em 1987, Gordon, que se dedicava às questões relacionadas à violência doméstica, assim como outras pessoas que se defrontavam não com doenças – infecciosas ou degenerativas – no sentido estritamente nosológico, mas com comportamentos considerados patológicos, que eventualmente resultavam em doenças, perceberam que o modelo de Leavell e Clark apresentava importantes limitações para o entendimento de situações mais bem entendidas como variações quantitativas de um dado fenômeno, sem um ponto claro, categórico, que nos indique que esse fenômeno deixou de ser normal para se tornar patológico. Essas limitações iam além do mero entendimento e constituíam reais barreiras para a concepção e a implementação de programas e intervenções preventivas desses comportamentos.

Além da violência doméstica, mencionada acima, outros comportamentos, cujo espectro varia desde um polo claramente normal até um extremo evidentemente anormal (sem que se possa dizer exatamente **quando** se passa de um ao outro), se encontram na mesma situação, como o de comer (com extremos patológicos de hiperfagia e de anorexia), o de beber (com extremos patológicos de ingestão nociva e de dependência) e, caso que nos interessa, o de comportamentos autoagressivos, autodestrutivos e suicidas.

A partir disso, Gordon concebeu um modelo de prevenção de problemas comportamentais baseado no risco que um indivíduo (ou populações)

coleção saúde e cidadania | o suicídio e sua prevenção

apresenta de desenvolver aquele comportamento. Um artigo de Mrazek e Hogarty, publicado em 1994 pelo Instituto de Medicina dos EUA, disseminou a abordagem de Gordon, propondo três níveis de prevenção, baseada no grau de risco:

- **Prevenção universal** – destinada a toda a população, independentemente do grau de risco que apresenta, e mesmo sem risco algum. Seu objetivo é impedir o início de um dado comportamento e prescinde de seleção dos indivíduos a quem se destina a intervenção. A observância em diversas partes do mundo do Dia de Prevenção do Suicídio, iniciado pela Associação Internacional de Prevenção do Suicídio (IASP), e apoiado pela OMS, é um bom exemplo de prevenção universal do suicídio. Nesse dia, através de diversas atividades, a população é informada sobre o suicídio, seu impacto e como enfrentá-lo.
- **Prevenção seletiva** – destinada a populações (ou indivíduos) que apresentam um baixo grau de risco, e que ainda não começaram a apresentar o comportamento-alvo. Seu objetivo é impedir a instalação de um dado comportamento ou o surgimento de suas consequências, através da identificação e

da redução de fatores de risco. Utiliza-se a busca ativa dos sujeitos assim que sua vulnerabilidade seja estabelecida. Um exemplo de prevenção seletiva de comportamentos suicidas é a busca ativa de indivíduos com certos transtornos mentais fortemente associados ao suicídio, como a depressão, o uso indevido de álcool e a esquizofrenia. Contudo, a equipe que desenvolve atividades de prevenção seletiva deve ser capacitada para ir além do simples tratamento farmacológico daqueles transtornos e lidar com diversos outros aspectos socioculturais e econômicos, tais como relacionamento familiar, adolescência, velhice, idade e outros transtornos comportamentais associados ao risco de suicídio.

- **Prevenção indicada** – para populações (ou indivíduos) que apresentam um risco considerável e/ou que já começaram a manifestar o comportamento em questão, ou seja, quando o processo suicida já foi iniciado e está em andamento. Um bom exemplo de prevenção indicada de comportamentos suicidas é a atenção e o seguimento de perto de pessoas que já tentaram o suicídio, principalmente nos dias ou semanas imediatamente após a tentativa de suicídio.

A Tabela 6.1 resume algumas intervenções preventivas baseadas no risco e no nível de cobertura.

Tabela 6.1. Exemplos de programas de prevenção do suicídio efetivos, por nível de cobertura populacional.

Nível de cobertura	Público-alvo	Intervenções
Universal	Toda a população	Limitação do acesso a substâncias tóxicas
Seletiva	Indivíduos com risco baixo a moderado de comportamentos suicidas	Tratamento de pessoas com transtornos mentais (incluindo transtornos por uso de substâncias psicoativas)
Indicada	Indivíduos com risco evidente de comportamentos suicidas, ou que já os iniciaram	Seguimento terapêutico frequente de portadores de transtorno bipolar ou com episódios psicóticos recorrentes Seguimento psicossocial frequente de pessoas com história de tentativas prévias de suicídio

De acordo com este modelo de prevenção, devemos distinguir entre, por exemplo, (a) a prevenção do surgimento da ideação suicida, (b) a elaboração de planos suicidas e (c) o engajamento em atos suicidas, porque em cada um destes casos o local da intervenção preventiva é, respectivamente, (a) o espaço intrapsíquico, (b) o espaço cultural tanto interno quanto externo dos indivíduos e (c) o espaço físico subjacente, particularmente.

Para demonstrar a importância dessa distinção, um estudo multicêntrico realizado pela OMS em oito países demonstrou que, embora a sequência ideação → planejamento → execução quase sempre ocorra nessa ordem (há casos de suicídios altamente impulsivos em que isso não ocorre, necessariamente), a diferença proporcional entre, de um lado, ideação e planejamento e, de outro, planejamento e tentativas varia enormemente de lugar para lugar (Bertolote et al., 2009, p.99-104), como mostra a Figura 6.2.

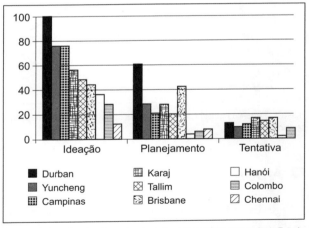

Figura 6.2. Ideação, planejamento e tentativas de suicídio nos locais do Estudo SUPRE-MISS da OMS.

Confirmando essa ideia, temos os resultados combinados do estudo SUPRE-MISS da OMS mencionado acima (oito países) com os de Weismann e colaboradores (outros nove países) (Weismann et al., 1999, p.9-17), sobre ideação suicida e mortalidade por suicídio. Como se pode ver na Figura 6.3, há uma fraca correspondência entre essas duas variáveis.

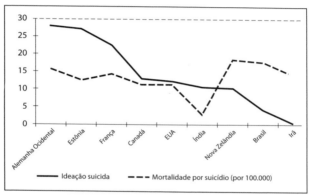

Figura 6.3. Ideação suicida e taxa de mortalidade por suicídio em países selecionados.

A prevenção do suicídio

Estratégias para a prevenção do suicídio

Os primeiros esforços sistemáticos bem documentados para a prevenção do suicídio foram lançados no início do século XX. Em 1906, em Londres, o Exército da Salvação iniciou seu programa de prevenção do suicídio e, no mesmo ano, entrou em funcionamento em Nova York a Liga Nacional "Salve uma Vida" (Bertolote, 2004, p.147-151).

Espelhando a evolução do próprio conceito de suicídio, essas primeiras iniciativas visando à sua prevenção eram inspiradas por princípios religiosos, humanitários e filantrópicos, não sanitários, tampouco científicos. Ao mesmo tempo, eram ações de grupos da sociedade, não de órgãos governamentais.

Em seguida, surgiram diversas iniciativas que visavam à prevenção do suicídio, a maioria delas inspirada em princípios clínicos, em geral abordagens individuais, que refletiam orientações teóricas e ideológicas nem sempre com alguma base científica.

Do ponto de vista filantrópico e humanitário, essas abordagens são altamente meritórias. Todavia, a partir do momento em que se aproximaram da saúde pública, revelaram suas fragilidades metodológicas e, sobretudo, de resultados, ao serem comparadas a outras, com bases científicas mais sólidas e resultados mais satisfatórios.

Isso levou alguns ilustres suicidólogos, epidemiologistas e outros cientistas a questionarem a cientificidade e os resultados dos programas de prevenção do suicídio em geral, tanto em termos de eficácia quanto da relação custo-benefício.

Um exemplo notável desse questionamento é o trabalho de Gunnel e Frankel, publicado em

1994 (Gunnel e Frankel, 1994, p.1227-1233). Nesse trabalho, uma revisão sistemática da literatura científica publicada entre 1975 e 1994, eles examinaram dezenas de programas (praticamente todos os que haviam sido publicados) que se autointitulavam de prevenção de suicídio. Depois de descartar os programas descritos de maneira tão sumária que não possibilitava uma avaliação criteriosa, identificaram 19 que permitiam sua avaliação. De todos esses, apenas dois seguiam os critérios de um ensaio clínico controlado – o tipo de estudo atualmente considerado como o de melhor padrão científico.

Sua análise revelou que talvez a maior deficiência da maioria desses programas era a falta de uma clara definição de seu objetivo, ou seja, não explicitavam se visavam à redução da mortalidade, a redução de qualquer comportamento suicida (por exemplo, tentativas de suicídio, planos de suicídio) ou ambos. Outra importante limitação da maioria dos programas avaliados era a ausência de indicação de seu público-alvo: a população toda, idosos, adultos jovens, adolescentes etc.

Ademais, a maioria desses estudos era limitada também pelo pequeno número de sujeitos incluídos, o que fazia que, afinal, não tivessem tamanho suficiente para realizar as análises estatísticas necessárias. Esta afirmação pode parecer estranha, depois de se haver dito que há um número impressionante de

O que é prevenção? | Capítulo 6

casos de suicídio todos os anos; ocorre que o número é bastante expressivo se tomado em conjunto, porém, ao considerarmos sua distribuição geográfica, nem sempre os casos são os que se requerem para as sofisticadas análises estatísticas que permitem evidenciar algum efeito da intervenção.

Tomemos o Brasil como exemplo. Ocorrem por ano, em todo o país, cerca de 10.000 suicídios, porém eles se distribuem pelos mais de 8 milhões de m² do país, ainda que de maneira desigual, mais concentrados em determinadas áreas (por exemplo, no sul) do que em outras. Isso faz que a maioria das intervenções – que são locais – acabe atingindo um número relativamente reduzido de indivíduos em risco de desenvolver comportamentos suicidas. A menos que se trate de intervenções ou programas de cobertura nacional, o que, em geral, depende de iniciativas do governo federal.

Outro problema encontrado na maioria dos estudos publicados se refere ao tempo de seguimento dos sujeitos submetidos às intervenções. Às vezes o tempo transcorrido entre um evento precipitante e um comportamento suicida é bastante curto, horas ou dias (como no caso de rompimentos afetivos ou outras perdas significativas), o que, se por um lado reduz as possibilidades de intervir, por outro lado permite que se observe, em curto prazo, qualquer efeito de uma dada intervenção. Todavia, em outros casos podem transcorrer anos entre a ocorrência de um fator de risco e o comportamento suicida, como, por exemplo, certos casos de abuso sexual ou de outra natureza durante a infância, que vão desencadear um episódio suicida na adolescência ou na vida adulta. Na prática, grande parte dos programas de prevenção (senão todos), como, sobretudo, os de pesquisa, tem duração inferior ao que seria desejado para uma avaliação aprofundada dos possíveis efeitos das intervenções.

Finalmente, outra crítica que avaliadores criteriosos, como Gunnel, Frankel e outros, fazem a diversos programas de prevenção do suicídio diz respeito à descrição inadequada dos elementos operantes das intervenções. No mais das vezes, fica-se no terreno das descrições superficiais (por exemplo, "atividades grupais", "palestras", "campanhas de esclarecimento"), sem pormenorizar suas características, seu conteúdo específico e seu público-alvo.

Após a revisão de Gunnel e Frankel, outro notável trabalho de avaliação dos programas de prevenção do suicídio através de intervenções psicossociais foi uma meta-análise publicada por Crawford, Thomas, Khan e Kulinskaia em 2007 (Crawford et al., 2007, p.11-17). A meta-análise é um tipo de estudo que permite comparar, ao mesmo tempo, diversos estudos que tenham abordado um mesmo tema, desde que haja certas similaridades e coincidências entre os objetivos específicos e os métodos de cada um desses estudos. Em linhas gerais, os pesquisadores confirmaram os achados de Gunnel e Frankel, de sete anos antes, embora tenham analisado estudos mais recentes, e concordaram com suas críticas.

A partir da discussão desses achados, Rudd (2007) postulou que talvez a meta-análise, embora um dos métodos científicos mais sólidos de que se dispõe no momento, não seja a mais adequada para se chegar a uma conclusão sobre a eficácia de programas de natureza psicossocial, que é o caso da maioria dos programas de prevenção do suicídio. Segundo ainda Rudd, disso decorre que, na ausência de conclusões definitivas, cientificamente validadas, sobre o impacto dessas intervenções, corre-se o risco de transmitir informações incorretas e imprecisas para o público em geral.

Como conclusão, podemos dizer que muitos dos programas de prevenção do suicídio – sua maioria, na verdade (mesmo os que foram concebidos e/ou iniciados no século XXI) – continuam inspirados nos mesmos princípios filantrópicos dos programas pioneiros e não são planejados com a finalidade precípua de serem avaliados. Neste sentido, o problema não é tanto dos responsáveis pelos programas de prevenção quanto o é dos pesquisadores que se propõem a avaliá-los. Cabe a estes encontrar métodos adequados que permitam contornar o que consideram como limitações conceituais e metodológicas dos atuais programas de prevenção do suicídio.

Na verdade, a partir da preocupação da OMS e de certos governos com a efetividade, o custo e a relação custo-benefício dos programas de saúde pública incorporada pelos responsáveis por programas de prevenção de suicídio, mesmo os de iniciativa filantrópica, consolidou-se a preocupação com o emprego de intervenções de efetividade comprovada. Afinal de contas, a validação científica de resultados é um requisito fundamental para adquirir credibilidade e, eventualmente, ter acesso a verbas governamentais.

▌ Intervenções com eficácia comprovada

O aparecimento sistemático na saúde pública de programas de prevenção do suicídio teve seu início a partir da realização, em 1994, em Banff, Canadá, de uma reunião internacional de peritos, convoca pelo Conselho para Assuntos Econômicos e Sociais da ONU e pelo Departamento de Saúde Mental da OMS. Dessa reunião resultou a publicação pela ONU, em 1992, de um documento seminal intitulado *Prevention of Suicide: Guidelines for the Formulation and Implementation of National Strategies* [Prevenção do suicídio: diretrizes para a formulação e a implementação de estratégias nacionais] (UN, 1996).

Esse importante documento considerava o suicídio como tendo uma origem "multifatorial, multideterminada e transacional, que se desenvolve através de trajetórias ou percursos complexos, porém identificáveis" (idem; p.14).

Foi dupla a importância e a inovação desse documento. Por um lado, era a primeira vez que dois organismos internacionais respeitados e criteriosos em suas escolhas reconheciam que os comportamentos suicidas eram, de fato, um importante problema social e econômico, com grande impacto na saúde pública, que afetava diversas nações. Essa foi uma declaração política que teve grande repercussão.

Por outro lado, além de uma afirmação política, esse documento refletia a sólida base técnica dos participantes da reunião de Banff e indicava minuciosamente diversas diretrizes de ação, relativas a:

- princípios organizacionais
- áreas relevantes para a formulação de políticas públicas

objetivos

- passos para a formulação de estratégias
- implementação, revisão periódica e avaliação
- publicação e divulgação

coleção saúde e cidadania | o suicídio e sua prevenção

Como consequência da publicação dessas diretrizes, diversos países seguiram os passos sugeridos pelo documento, formulando e colocando em prática estratégias nacionais, entre os quais Finlândia, Noruega, Suécia, Nova Zelândia, Austrália, Reino Unido, Holanda, Estônia, França, Estados Unidos, Japão e Brasil.

Pouco depois da publicação dessas diretrizes, e atendendo a uma resolução da 39ª Assembleia Mundial da Saúde, a OMS lançou seu programa de prevenção do suicídio, SUPRE (do inglês *SUicide PREvention*). Para a elaboração desse programa, a OMS contou com a colaboração de uma Comissão Internacional de Peritos em Prevenção do Suicídio, cuja opinião técnica e experiência clínica ou de pesquisa constituíram a base desse programa.

Baseados nas evidências disponíveis, ainda limitadas àquela época, esse grupo de peritos identificou três áreas prioritárias para o desenvolvimento de atividades preventivas (OMS, 1998):

- tratamento de pessoas com transtornos mentais;
- restrição do acesso a métodos empregados em comportamentos suicidas; e
- abordagem adequada pelos meios de comunicação de notícias e informações relativas a comportamentos suicidas.

100

Considerando-se o conhecimento disponível nos dias atuais, admite-se que o documento de 1998 da OMS estava baseado em pesquisas limitadas. Contudo, revisões sistemáticas daquelas estratégias e a avaliação empírica das estratégias indicadas pelas diretrizes da ONU, bem como de outras sugeridas posteriormente, têm confirmado regularmente o acerto daquelas proposições, tanto no âmbito nacional quanto internacional. Isso confirma, ao mesmo tempo, o acerto da escolha dos peritos que participaram da reunião de Banff e dos que compuseram a Comissão Internacional de Peritos em Prevenção do Suicídio da OMS.

Uma importante confirmação e validação internacional dessas abordagens foi produzida por um grupo de peritos provenientes de 15 países de todos os continentes reunidos em Salzburgo, Áustria, em 2004, sob os auspícios da Suicide Prevention International.

O objetivo dessa reunião foi uma revisão sistemática e exaustiva da evidência científica sobre a eficácia de praticamente todas as estratégias e intervenções já propostas para a prevenção do suicídio.

Esse grupo de peritos de alto nível confirmou a relevância das três áreas propostas pela OMS, isto é:

- tratamento de transtornos mentais;
- restrição do acesso a métodos; e

coleção saúde e cidadania | o suicídio e sua prevenção

- abordagem adequada pelos meios de comunicação.

Eles também acrescentaram duas outras, sobre as quais haviam surgido evidências de eficácia posteriores à publicação da OMS, a saber:

- programas adequados de educação e de informação em escolas, para o público em geral e para os trabalhadores do setor sanitário e social, e
- busca ativa e triagem sistemática de pessoas com alto risco de comportamentos suicidas.

O relatório dessa notável reunião (Mann et al., 2005, p.2064-2074) foi publicado em 2005 pelo *Journal of the American Medical Association* (JAMA), periódico científico altamente prestigioso, cujo rigor na seleção dos artigos que publica é internacionalmente reconhecido.

Um bom exemplo de validação nacional de estratégias para a prevenção de comportamentos suicidas foi realizado por Anette Beautrais e colaboradores na Nova Zelândia, e publicado em 2007 (Beautrais, 2007). Essa prolífica e respeitada pesquisadora neozelandesa e seus colaboradores também confirmaram a eficácia das estratégias mencionadas no artigo publicado no JAMA, e, com relação à

102

identificação de indivíduos de alto risco, destacaram a importância, no contexto neozelandês, da atenção particular aos maoris, os habitantes originais da Nova Zelândia.

A Tabela 6.2 apresenta um resumo das evidências atualmente disponíveis sobre a eficácia de diversas intervenções para a prevenção do suicídio, calibradas pela força avaliada de sua eficácia.

Uma rápida análise dessa tabela nos leva a concordar com a pertinente observação de Beautrais, que ecoa a de Gunnel e Frank, que afirma que, no campo da prevenção do suicídio, há mais entusiasmo do que comprovações cientificamente validadas. Uma conclusão é que, infelizmente, ainda dispomos de um arsenal relativamente modesto para enfrentar o grave problema do suicídio e que, mais infelizmente ainda, o pouco de que dispomos nem sempre é posto em prática com a energia e o apoio necessários.

▌ Quem pode fazer o quê

Parece ser de Shneidman (1996) a famosa frase: "O suicídio é um problema de todos". Entretanto, nessa tarefa nem todos têm as mesmas funções, responsabilidades e potencialidades. No sentido de facilitar o entendimento de quem pode fazer o quê, a OMS lançou no ano 2000 uma série de publicações

coleção saúde e cidadania | o suicídio e sua prevenção

Tabela 6.2. Força de evidência sobre a efetividade positiva de diversas iniciativas de prevenção de comportamentos suicidas.

Evidência muito forte	Evidência forte	Potencialmente benéfico	Prejudicial
Restrição do acesso a métodos de suicídio Educação dos responsáveis	Tratamento farmacológico de doenças mentais Psicoterapia e intervenções psicossociais para doenças mentais Apoio adequado após uma tentativa de suicídio Cobertura discreta pela imprensa de casos de suicídio Treinamento de médicos generalistas Programas escolares baseados na promoção de competências e no reforço de habilidades Programas de triagem de depressão e de risco de suicídio Centros de intervenção e aconselhamento em crises Apoio para familiares e amigos de suicidas	Controle mais efetivo da ingestão de bebidas alcoólicas Serviços comunitários de saúde mental e de apoio social Apoio para familiares em dificuldades Educação do público em geral	Programas escolares baseados em alerta sobre o suicídio Mensagens de saúde pública sobre suicídio e cobertura inadequada pela imprensa de casos de suicídio Contratos de não suicídio e não autoagressão Terapias de memória reprimida ou recuperada

104

O que é prevenção? | Capítulo 6

sobre diretrizes para a prevenção do suicídio, dirigidas a diversos segmentos da sociedade. Esse material foi preparado e exaustivamente revisado por alguns dos mais respeitados peritos em suas respectivas áreas (científica e clínica), o que representa uma garantia da qualidade da informação, tanto do ponto de vista científico como das melhores práticas clínicas.

Até o momento, nove livretos já foram lançados, três dos quais já se encontram na segunda edição revisada, a maioria traduzida em mais de vinte idiomas, cinco dos quais estão disponíveis em português.

Os títulos atualmente disponíveis (e os endereços eletrônicos onde podem ser obtidos gratuitamente) são:

1. *Prevenção do suicídio: um manual para médicos clínicos gerais*
   Disponível em:
   Português: http://whqlibdoc.who.int/hq/2000/WHO_MNH_MBD_00.1_por.pdf (Acesso em: 04 out. 2012).
   Inglês: http://whqlibdoc.who.int/hq/2000/WHO_MNH_MBD_00.1.pdf (Acesso em: 04 out. 2012).
2. *Prevenção do suicídio: um manual para profissionais da mídia*
   Disponível em:
   Português: http://whqlibdoc.who.int/hq/2000/WHO_MNH_MBD_00.2_por.pdf (Acesso em: 04 out. 2012).

Inglês: http://whqlibdoc.who.int/publications/2008/9789241597074_eng.pdf (Acesso em: 04 out. 2012).

3. *Prevenção do suicídio: manual para professores e educadores*
Disponível em:
Português: http://whqlibdoc.who.int/hq/2000/WHO_MNH_MBD_00.3_por.pdf (Acesso em: 04 out. 2012).
Inglês: http://whqlibdoc.who.int/hq/2000/WHO_MNH_MBD_00.3.pdf (Acesso em: 04 out. 2012).

4. *Prevenção do suicídio: um manual para profissionais da saúde em atenção primária*
Disponível em:
Português: http://whqlibdoc.who.int/hq/2000/WHO_MNH_MBD_00.4_por.pdf (Acesso em: 04 out. 2012).
Inglês: http://whqlibdoc.who.int/hq/2000/WHO_MNH_MBD_00.4.pdf (Acesso em: 04 out. 2012).

5. *Preventing Suicide: in Jails and Prisions* [Prevenindo o suicídio: diretrizes para agentes penitenciários]
Disponível em:
Inglês: http://whqlibdoc.who.int/publications/2007/9789241595506_eng.pdf (Acesso em: 04 out. 2012).

6. *Prevenção do suicídio: um recurso para conselheiros*
Disponível em:
Português: http://www.who.int/entity/mental_health/media/counsellors_portuguese.pdf (Acesso em 04 out. 2012).

Inglês: http://whqlibdoc.who.int/publications/2006/9241594314_eng.pdf (Acesso em: 04 out. 2012).

7. *Preventing Suicide: a Resource at Work* [Prevenindo o suicídio: diretrizes para ambientes de trabalho]
   Disponível em:
   Inglês: http://whqlibdoc.who.int/publications/2006/9241594381_eng.pdf (Acesso em: 04 out. 2012).

8. *Preventing Suicide: a Resource for Police, Firefighters and other First Line Responders* [Prevenindo o suicídio: diretrizes para policiais, bombeiros e outros agentes de intervenção em emergências]
   Disponível em:
   Inglês: http://whqlibdoc.who.int/publications/2009/9789241598439_eng.pdf (Acesso em: 04 out. 2012).

9. *Preventing Suicide: How to Start a Survivors' Group* [Prevenindo o suicídio: diretrizes para a formação de grupos de sobreviventes]
   Disponível em:
   Inglês: http://whqlibdoc.who.int/publications/2008/9789241597067_eng.pdf (Acesso em: 04 out. 2012).

10. *Preventing Suicide: a Resource for Suicide Case Registration* [Prevenindo o suicídio: diretrizes para o registro de casos]
    Disponível em:
    Inglês: http://whqlibdoc.who.int/publications/2011/9789241502665_eng.pdf (Acesso em: 04 out. 2012).

coleção saúde e cidadania | o suicídio e sua prevenção

A seguir, veremos um resumo das principais recomendações da OMS para os principais grupos profissionais diretamente envolvidos na prevenção do suicídio.

Profissionais da saúde

Os profissionais da saúde podem se defrontar com diversas situações associadas a comportamentos suicidas. Na maioria dos casos, há muita incerteza e indecisão sobre como proceder e o que fazer. Isso decorre de uma série de mitos a respeito do suicídio, que veremos em seguida.

Em qualquer caso em que um profissional da saúde suspeitar de tal situação, o melhor a fazer é se dispor a dedicar um pouco mais de tempo àquele paciente, mesmo que haja diversos outros esperando. Uma boa maneira de começar a abordagem do assunto é perguntar algo como: "O(A) senhor(a) me parece estar bastante incomodado(a) com alguma coisa. Poderia me falar algo a esse respeito?". Ouvir o(a) paciente com atenção e empatia ajuda bastante a reduzir a ansiedade associada à ideação suicida.

Dois mitos frequentes a respeito do suicídio e a realidade sobre eles estão indicados na Tabela 6.3.

Tabela 6.3. Mitos e realidade sobre o suicídio.

Mito	Realidade
Quem fala sobre suicídio nunca comete suicídio.	Os pacientes que cometeram suicídio em geral deram avisos ou sinais de sua intenção. Qualquer ameaça deve ser levada a sério.
Falar sobre suicídio com um paciente pode provocar um comportamento suicida.	Falar sobre o suicídio em geral reduz a ansiedade ligada a esse tema, o que pode fazer que o paciente se sinta compreendido e aliviado.

Depois de haver introduzido o assunto, uma boa maneira de continuar é proceder a uma investigação progressiva, com a seguinte sequência de perguntas:

- Está se sentindo infeliz ou sem perspectivas?
- Está se sentindo desesperado(a)?
- Está se sentindo incapaz de enfrentar o dia a dia?
- Está achando que não vale mais a pena viver?
- Está pensando em suicídio?

Contudo, essas perguntas só devem ser feitas depois que se tiver estabelecido uma boa relação com o(a) paciente, que este(a) estiver disposto(a) a exprimir seus sentimentos, sobretudo os negativos.

Uma vez evidente a presença de alguma forma de ideação suicida, deve-se avaliar o grau do risco e estabelecer um plano de ação adequado ao risco. E, de maneira respeitosa, porém objetiva, pode-se perguntar:

- Chegou a fazer algum plano para pôr fim à vida?
- Pode me falar sobre esses planos?
- Tem algum meio (medicamentos, venenos, armas, cordas etc.) para isso?
- Quando pretende executar esse plano?

Embora não exista nenhum instrumento (questionário, escala etc.) infalível para a detecção e avaliação do risco de suicídio, o seguinte esquema tem se mostrado bastante útil, principalmente nas mãos de não especialistas e do pessoal da rede básica de cuidados, quando se suspeitar ou identificar um risco de suicídio.

Profissionais dos meios de comunicação

Embora ainda não se tenha um entendimento completo de como operam os fatores que contribuem para o suicídio e para sua prevenção, sabe-se que os meios de comunicação desempenham um papel importante. Por um lado, eles têm uma função relevante na educação do público a respeito do suicídio e sobre onde buscar ajuda, em caso de

Tabela 6.4. Risco de suicídio: identificação, avaliação e manejo.

Risco	Sintomas	Avaliação	Manejo
0	Nenhum desconforto	–	–
1	Alterações emocionais	Pergunte sobre ideias de suicídio.	Ouça com empatia.
2	Vagas ideias de morte	Pergunte sobre ideias de suicídio.	Ouça com empatia.
3	Vagas ideias de suicídio	Avalie a intenção (plano e método).	Investigue as possibilidades concretas. Identifique fontes de apoio psicossocial.
4	Ideias de suicídio **na ausência de** transtornos mentais	Avalie a intenção (plano e método).	Investigue as possibilidades concretas. Identifique fontes de apoio psicossocial.
5	Ideias de suicídio **com** transtornos mentais **ou** graves estressores vitais	Avalie a intenção (plano e método).	Encaminhe para um profissional de saúde mental.
6	Ideias de suicídio **com** transtornos mentais **ou** graves estressores vitais **ou** agitação psicomotora **e** tentativas prévias	Permaneça com o(a) paciente, até que alguém possa garantir que ele(a) não terá acesso aos meios.	Hospitalize.

coleção saúde e cidadania | o suicídio e sua prevenção

necessidade, e podem, por conseguinte, contribuir para encorajar muitos indivíduos em risco a buscar ajuda. Por outro lado, podem influenciar indivíduos vulneráveis a se envolverem em comportamentos suicidas a partir da cobertura inadequada de casos de suicídio, particularmente quando a cobertura é extensa, destacada, sensacionalista e/ou descreve pormenorizadamente o método do suicídio.

É extremamente importante atingir um equilíbrio entre imperativos como "o direito do público de ser informado" e os riscos de causar dano, o que coloca sobre os profissionais dos meios de comunicação a obrigação de serem cautelosos ao abordar o suicídio.

Em colaboração com a Associação Internacional de Prevenção do Suicídio e com destacados profissionais do ramo, a OMS estabeleceu as seguintes recomendações como indicativas de boa prática jornalística:

- Nunca deixe passar uma oportunidade para educar o público.
- Evite uma linguagem que sensacionalize ou normalize o suicídio, ou o apresente como uma solução para os problemas.
- Evite descrições explícitas do método empregado em tentativas de suicídio ou em suicídios consumados.

112

- Evite informações pormenorizadas sobre o local de uma tentativa de suicídio ou de um suicídio consumado.
- Redija cuidadosamente os títulos e cabeçalhos.
- Seja cauteloso e respeitoso ao usar fotos, imagens ou vídeos.
- Seja particularmente cuidadoso ao relatar suicídios de celebridades.
- Tenha respeito pelos familiares e amigos da pessoa que se suicidou.
- Forneça informações a respeito de onde obter ajuda.
- Reconheça que os próprios profissionais da comunicação podem ser afetados por histórias de suicídio.

No Brasil, a Associação Brasileira de Psiquiatria preparou, com a ajuda de profissionais dos meios de comunicação, uma cartilha, inspirada no modelo da OMS e adaptada às condições brasileiras, que pode ser obtida gratuitamente no *site*: http://www.abpbrasil.org.br/arquivos/CartilhaSuicidio_2009_light.pdf.

Professores do Ensino Fundamental e do Ensino Médio

Embora felizmente o suicídio seja um evento extremamente raro em jovens com menos de 14 anos, como vimos na primeira parte deste livro, ele constitui uma das principais causas de morte de jovens na maioria dos países e está em franca ascensão em muitos deles. Além do mais, boa parte do terreno psíquico que terá que se defrontar com crises e dificuldades emocionais se consolida entre a infância e a adolescência, razão pela qual a escola desempenha um enorme papel no sentido que esse terreno terá.

Normalmente, o pessoal das escolas pode se deparar com duas situações distintas relacionadas ao suicídio: a mais corrente, a de antes que surja algum comportamento suicida em um(a) aluno(a) da escola (prevenção), e outra, felizmente mais rara, a de após a ocorrência de algum comportamento suicida em alguém da escola (posvenção).

Quanto à prevenção, os participantes de uma reunião da OMS com educadores dos níveis básico e médio identificaram algumas atividades que podem, potencialmente, reduzir os comportamentos suicidas a curto, médio e longo prazo, entre as quais:

- Reforçar a saúde mental de professores e outros profissionais das escolas.
- Reforçar a autoestima dos alunos.
- Promover a expressão saudável de emoções.
- Prevenir o *bullying* e outras formas de violência na escola.
- Fornecer informações sobre serviços de ajuda.

A partir da identificação de algum caso de problemas ou dificuldade psicológicos em algum(a) aluno(a) da escola, deve-se:

- Melhorar a comunicação tanto entre o corpo discente como entre este e o corpo docente.
- Melhorar as habilidades do corpo docente para entender melhor o risco de suicídio e sua prevenção.
- Estabelecer mecanismo de encaminhamento a profissionais de saúde mental, quando necessário.
- Remover os meios de suicídio do ambiente do corpo discente.

A trágica eventualidade da ocorrência de uma tentativa de suicídio ou de um suicídio consumado com algum(a) aluno(a) requer a organização o mais cedo possível para que, com o apoio e a orientação de profissionais especializados nesse tipo de posvenção, tanto o corpo discente como o docente possam ser informados adequadamente sobre o ocorrido e para que se possa ajudá-los a elaborar a perda e toda a situação. O objetivo desse tipo de intervenção é não apenas proporcionar apoio e conforto psicológico, mas também evitar o fenômeno do suicídio por "contágio" ou imitação.

Profissionais de intervenção em emergências

Os profissionais de intervenção em emergências (policiais, bombeiros, pessoal de ambulância e de serviços de resgate etc.) são cada vez mais solicitados em situações que representam emergências psiquiátricas (problemas emocionais, comportamentais, decorrentes do uso de álcool e/ou drogas etc.), o que também inclui crises suicidas. Em geral, esses profissionais são o primeiro recurso dessas pessoas com problemas, o que lhes confere um papel importante na prevenção do suicídio na comunidade.

Eles podem se deparar com três situações relacionadas ao suicídio: uma ameaça de suicídio, uma tentativa de suicídio e um suicídio consumado.

No primeiro caso (ameaça de suicídio), a OMS recomenda o seguinte:

- Considere a situação como uma emergência psiquiátrica e maneje-a como tal. Cuidados imediatos da saúde mental podem evitar suicídios.
- Nunca considere que a situação não apresenta risco ou que é apenas uma tentativa de manipulação.
- Afaste o circunstante e garanta a sua segurança e a de quem mais possa estar por perto.

- Não se aproxime bruscamente da pessoa, pois isso pode assustá-la ainda mais.
- Mantenha a calma e tente fazer que a pessoa fale. Transmita-lhe uma mensagem de preocupação e compreensão. Evite discussões, críticas, "passar sermão" e sugerir que esqueça o que está se passando.
- Remova todos os meios letais que possam estar ao alcance da pessoa.
- Organize o encaminhamento imediato a um pronto-socorro ou hospital psiquiátrico.

Caso o chamado seja para atender a uma tentativa de suicídio já iniciada, todas as recomendações acima se aplicam, caso a pessoa esteja consciente. Além delas, esteja a pessoa consciente ou não, as seguinte medidas se impõem:

- Verifique os sinais vitais (pulso, frequência cardíaca, frequência respiratória, pressão arterial, temperatura) e execute as manobras de ressuscitação, se for necessário.
- Estabeleça contato imediato com serviços de emergência médica. Caso se trate de ingestão de algum produto (medicamento ou veneno), preserve uma amostra, caso exista, para entregar ao serviço de emergência.

- Estabeleça contato com um familiar ou pessoa próxima a quem tentou o suicídio.
- Tente estabelecer uma comunicação com a pessoa, deixando-a falar livremente. Uma boa forma de iniciar esse processo é perguntar: "Como está se sentindo?".
- Se for totalmente impossível transferir a pessoa para um serviço médico, e a gravidade clínica o permitir, assegure-se de que todos os meios letais foram removidos de perto da pessoa e que um familiar ou pessoa responsável fique com ela até que melhore e possa ser encaminhada a um serviço de saúde mental.
- Os familiares e pessoas próximas que estiverem presentes provavelmente estarão emocionalmente abalados. Trate-os com tato e atenção, e encaminhe-os a um serviço de saúde mental, se for necessário. Caso a pessoa esteja inconsciente, eles podem ser a melhor fonte de informações sobre antecedentes e o que ocorreu.

Diante de um suicídio consumado, trate de identificar algum familiar ou pessoa próxima. Eles certamente precisarão de alguma forma de apoio psicológico e emocional. Para isso, coloque-os em contato com algum serviço de saúde mental e algum grupo de sobreviventes, caso haja.

À margem dessas situações de intervenção direta, as corporações responsáveis por esses profissionais deveriam organizar programas de capacitação e educação permanente de seu pessoal, a fim de melhor equipá-los para lidar com essas situações.

Agentes prisionais

As taxas de suicídio de prisioneiros e detidos são mais altas do que as de populações comparáveis de pessoas em liberdade. Independentemente de seus fatores de risco predisponentes, o impacto psicológico da detenção é um dos maiores que se conhece, principalmente entre jovens, oriundos de grupos sociais desfavorecidos, portadores de transtornos mentais e usuários de álcool ou drogas, e entre pessoas que já fizeram uma tentativa de suicídio. Isso coloca uma enorme responsabilidade nas autoridades carcerárias no sentido de assegurar o direito à vida da população em detenção.

Isso começa com a revisão dos padrões arquitetônicos e das normas de segurança, no sentido de remover meios e possibilidades de suicídio, e inclui uma avaliação ainda que sumária do estado mental do detido e sua monitoração periódica.

Obviamente a formação dos agentes prisionais deveria incluir um conteúdo sobre a prevenção do suicídio. No caso de ocorrência de uma tentativa de suicídio ou de um suicídio consumado dentro da prisão, dever-se-ia conduzir uma auditoria a fim de identificar os pontos falhos e vulneráveis, que deveriam ser eliminados.

Sobreviventes

Cada morte por suicídio afeta diretamente, em média, de cinco a dez pessoas, entre familiares, amigos, colegas de trabalho ou de escola e outras pessoas próximas, que se autointitulam "sobreviventes do suicídio". Na prática, isso significa que cerca de quatro a oito milhões de pessoas são afetadas anualmente por um suicídio. Para incontáveis desses sobreviventes, o sofrimento associado a essa perda pode perdurar por muitos e muitos anos, até mesmo pelo resto da vida.

Os sobreviventes do suicídio têm maior probabilidade de desenvolver sentimentos de responsabilidade pela morte do ente querido do que os que perderam alguém por causas naturais, além de se sentirem mais envergonhados e isolados dos demais. Esses sentimentos são particularmente acentuados em pais cujos filhos se suicidaram.

O encontro de pessoas que sobreviveram ao suicídio de uma pessoa querida pode lhes dar a oportunidade de estar com alguém que realmente as entende, pois passaram pela mesma experiência,

O que é prevenção? | Capítulo 6

e pode propiciar apoio e compreensão mútuos. Um grupo composto por esse tipo de pessoas pode fornecer:

- um sentimento de apoio e de pertencer a um grupo;
- um ambiente empático e compreensivo para quem se sente isolado do resto do mundo;
- a esperança de um retorno à "normalidade";
- apoio especial em aniversários e outras datas significativas;
- oportunidade de aprender novas formas de lidar com o problema;
- um local sólido e receptivo para discutir temores e preocupações; e
- um local onde possa expressar livremente seus sentimentos de luto, onde a confidencialidade está assegurada e onde prevalece uma atmosfera tolerante isenta de julgamentos.

Por essas razões, a OMS recomenda que as autoridades sanitárias e de assistência social deem todo o apoio à formação de grupos de ajuda mútua de sobreviventes do suicídio e apoiem sua manutenção.

▋ Programas especiais

Jovens

Como já foi indicado, as taxas de suicídio entre os jovens está aumentando, e é hoje a terceira causa de morte mais frequente da população entre 15 e 25 anos de idade (Bertolote e Fleischmann, 2009, p.91-98).

Também entre os jovens, a presença de algum transtorno mental constitui um dos mais fortes fatores de risco para os comportamentos suicidas (Fleischmann et al., 2005, p.678-683) e duas revisões sistemáticas demonstraram a efetividade de variadas estratégias para sua prevenção neste grupo etário (Ploeg et al., 1996, p.319-324), a despeito das críticas metodológicas apresentadas por Guo e Harstall (2002) e por Beautrais e colegas (2007). Guo e Hatstall, em particular, são bastante cautelosos e críticos em relação a programas temáticos de prevenção de suicídio em escolas, argumentando que, apesar de sua popularidade e atrativos imediatos, a maioria desses programas possui um baixo grau de generalização, o que impede sua transferência de uma escola a outra. Por outro lado, outros autores como Spirito e Esposito-Smythers (2009, p.678-683) e Malone e Yap (2009, p.685-690) alertam para que não seja erroneamente interpretado que programas de prevenção do suicídio para jovens não funcionam, apenas que devem ser analisados em seu contexto específico, e não lançados massiçamente.

No final dos anos 1990, surgiu uma ampla controvérsia a respeito do papel de certos medicamentos antidepressivos (particularmente os inibidores seletivos da recaptação da serotonina, ISRS) no desencadeamento de ideação suicida em adolescentes (Bridge et al., 2007, p.1683-1696). Em consequência, nos Estados Unidos tornou-se obrigatória a inclusão de uma tarja negra nas caixas desses medicamentos, advertindo para esse risco, prática essa que foi copiada em inúmeros países. A partir daí, uma quantidade considerável de médicos passou a evitar a prescrição dessas substâncias, e muitos pais se recusavam a dar a medicação a seus filhos. A prescrição e o uso desses medicamentos caíram drasticamente, a ponto de hoje diversas autoridades no assunto se perguntarem se a medida não causou mais males que benefícios, visto que privou da medicação milhares de adolescentes que dela poderiam ter se beneficiado (Brent, 2004, p.1598-1601; Libby et al., 2007, p.884-891).

Tentativas prévias

A maioria dos estudos é unânime em reconhecer que uma tentativa de suicídio é um dos mais fortes preditores de outro futuro comportamento

coleção saúde e cidadania | o suicídio e sua prevenção

suicida, ainda que se possam escoar décadas entre esses dois comportamentos.

Nesse sentido, e com base em experiências prévias e na evidência então disponível na literatura científica mundial, a OMS lançou, em 2000, um estudo multicêntrico em oito países de renda média e baixa (África do Sul, Brasil, China, Estônia, Índia, Irã, Sri Lanka e Vietnã), a fim de verificar a eficácia de um modelo bastante simples de intervenção que ficou conhecido como "intervenção breve e contato" (BIC – *Brief Intervention and Contact*, em inglês) (Fleischmann et al., 2009).

De maneira bastante simplificada, esse modelo de intervenção, aplicado em serviços de emergência que atendiam pacientes após uma tentativa de suicídio, era constituído por uma sessão de caráter motivacional com informações normativas sobre o suicídio e as tentativas de suicídio naquela região, seguidas de uma série de 16 contatos pessoais ou telefônicos ao longo dos 18 meses subsequentes (semanais, de início, e progressivamente mais espaçados, com o passar do tempo).

Embora o foco principal do estudo fosse a redução de futuras tentativas de suicídio, nesse aspecto ele se revelou eficaz nos países asiáticos e ineficaz nos demais. Contudo, de maneira inesperada e surpreendente, mostrou uma excelente eficácia na redução da mortalidade por suicídio em todos os países estudados (Fleischmann et al., 2008, p.703-709). A Figura 6.4 sumariza, de maneira estatística, os achados desse estudo, que servem como um importante estímulo e reforço para as pessoas que militam e trabalham pela prevenção do suicídio.

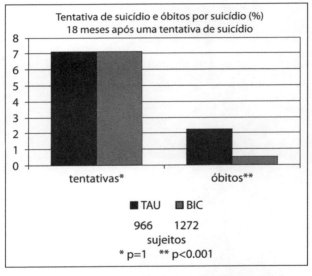

Figura 6.4. Comparação de uma intervenção breve e contato (BIC) com o tratamento habitual (TAU) de pessoas que foram atendidas em serviços de emergência após uma tentativa de suicídio (veja o texto para explicações adicionais).

Conclusão

O suicídio é um problema imemorial, multifário, complexo e desafiador. Devido ao sofrimento individual, familiar e coletivo, aliado às perdas pessoais, materiais e econômicas que causa, ele tornou-se um grave problema da saúde pública. No Brasil, apesar de felizmente ainda ser relativamente raro, está em franca ascensão, principalmente entre segmentos jovens da população.

Embora já disponhamos de arsenal de intervenções eficientes para a prevenção da maioria dos comportamentos suicidas, no Brasil elas ainda não se encontram suficientemente implementadas e articuladas, ao contrário do que ocorre em diversos outros países, onde, graças a estratégias nacionais bem conduzidas, já se observam significativas reduções das taxas de mortalidade por suicídio.

Anexo

Taxas de suicídio (por 100.000), por país, ano (mais recente disponível) e sexo.

País	Ano	Homens	Mulheres
ÁFRICA DO SUL	2007	1,4	0,4
ALBÂNIA	2003	4,7	3,3
ALEMANHA	2006	17,9	6,0
ANTÍGUA E BARBUDA	1995	0,0	0,0
ARGENTINA	2008	12,6	3,0
ARMÊNIA	2008	2,8	1,1
AUSTRÁLIA	2006	12,8	3,6
ÁUSTRIA	2009	23,8	7,1
AZERBAIDJÃO	2007	1,0	0,3
BAHAMAS	2005	1,9	0,6
BAHRAIN	2006	4,0	3,5
BARBADOS	2006	7,3	0,0
BIELORÚSSIA	2007	48,7	8,8
BÉLGICA	2005	28,8	10,3
BELIZE	2008	6,6	0,7
BÓSNIA E HERZEGOVINA	1991	20,3	3,3
BRASIL	2008	7,7	2,0
BULGÁRIA	2008	18,8	6,2
CANADÁ	2004	17,3	5,4
CAZAQUISTÃO	2008	43,0	9,4
CHILE	2007	18,2	4,2
CHINA (áreas urbanas e rurais selecionadas)	1999	13,0	14,8
CHINA (Hong Kong RAS)	2009	19,0	10,7

coleção saúde e cidadania | o suicídio e sua prevenção

País	Ano	Homens	Mulheres
CHIPRE	2008	7,4	1,7
COLÔMBIA	2007	7,9	2,0
COSTA RICA	2009	10,2	1,9
CROÁCIA	2009	28,9	7,5
CUBA	2008	19,0	5,5
DINAMARCA	2006	17,5	6,4
EGITO	2009	0,1	0,0
EL SALVADOR	2008	12,9	3,6
EQUADOR	2009	10,5	3,6
ESLOVAQUIA	2005	22,3	3,4
ESLOVÊNIA	2009	34,6	9,4
ESPANHA	2008	11,9	3,4
ESTADOS UNIDOS	2005	17,7	4,5
ESTÔNIA	2008	30,6	7,3
FEDERAÇÃO RUSSA	2006	53,9	9,5
FILIPINAS	1993	2,5	1,7
FINLÂNDIA	2009	29,0	10,0
FRANÇA	2007	24,7	8,5
GEÓRGIA	2009	7,1	1,7
GRANADA	2008	0,0	0,0
GRÉCIA	2009	6,0	1,0
GUATEMALA	2008	5,6	1,7
GUIANA	2006	39,0	13,4
HAITI	2003	0,0	0,0
HOLANDA	2009	13,1	5,5
HONDURAS	1978	0,0	0,0
HUNGRIA	2009	40,0	10,6
ÍNDIA	2009	13,0	7,8
IRÃ	1991	0,3	0,1
IRLANDA	2009	19,0	4,7
ISLÂNDIA	2008	16,5	7,0
ISRAEL	2007	7,0	1,5
ITÁLIA	2007	10,0	2,8

Anexo

País	Ano	Homens	Mulheres
JAMAICA	1990	0,3	0,0
JAPÃO	2009	36,2	13,2
JORDÂNIA	2008	0,2	0,0
KUWAIT	2009	1,9	1,7
LETÔNIA	2009	40,0	8,2
LITUÂNIA	2009	61,3	10,4
LUXEMBURGO	2008	16,1	3,2
MACEDÔNIA	2003	9,5	4,0
MALDIVAS	2005	0,7	0,0
MALTA	2008	5,9	1,0
MAURÍCIO	2008	11,8	1,9
MÉXICO	2008	7,0	1,5
NICARÁGUA	2006	9,0	2,6
NORUEGA	2009	17,3	6,5
NOVA ZELÂNDIA	2007	18,1	5,5
PANAMÁ	2008	9,0	1,9
PARAGUAI	2008	5,1	2,0
PERU	2007	1,9	1,0
POLÔNIA	2008	26,4	4,1
PORTO RICO	2005	13,2	2,0
PORTUGAL	2009	15,6	4,0
QUIRGUISTÃO	2009	14,1	3,6
REINO UNIDO	2009	10,9	3,0
REPÚBLICA ÁRABE SÍRIA	1985	0,2	0,0
REPÚBLICA CHECA	2009	23,9	4,4
REPÚBLICA DA COREIA	2009	39,9	22,1
REPÚBLICA DA MOLDÁVIA	2008	30,1	5,6
REPÚBLICA DOMINICANA	2005	3,9	0,7
ROMÊNIA	2009	21,0	3,5
SAINT KITTS E NEVIS	1995	0,0	0,0
SAINT LUCIA	2005	4,9	0,0
SÃO TOMÉ E PRÍNCIPE	1987	0,0	1,8
SÃO VICENTE E GRANADINAS	2008	5,4	1,9

coleção saúde e cidadania | o suicídio e sua prevenção

País	Ano	Homens	Mulheres
SEICHELES	2008	8,9	0,0
SÉRVIA	2009	28,1	10,0
SINGAPURA	2006	12,9	7,7
SRI LANKA	1991	44,6	16,8
SUÉCIA	2008	18,7	6,8
SUÍÇA	2007	24,8	11,4
SURINAME	2005	23,9	4,8
TAILÂNDIA	2002	12,0	3,8
TADJIQUISTÃO	2001	2,9	2,3
TRINIDAD E TOBAGO	2006	17,9	3,8
TURCOMENISTÃO	1998	13,8	3,5
UCRÂNIA	2009	37,8	7,0
URUGUAI	2004	26,0	6,3
UZBEQUISTÃO	2005	7,0	2,3
VENEZUELA	2007	5,3	1,2
ZIMBÁBUE	1990	10,6	5,2

Referências bibliográficas

BAECHELER, J. *Les suicides*. Paris: Calmann-Lévi, 1975.

BEAUTRAIS, A. et al. Effective strategies for suicide prevention in New Zealand: a review of the evidence. *New Zealand Medical Journal*, Christchurch, v.120, mar. 2007.

BERK, B. B. Macro-micro relationships in Durkheim's analysis of egoistic suicide. *Sociological Theory*, v.24, n.1, mar. 2006.

BERTOLOTE, J. M. Suicide prevention: at what level does it work? *World Psychiatry*, [Chêne-Bourg], 3, 2004.

BERTOLOTE, J. M.; FLEISCHMANN, A. A global perspective in the epidemiology of suicide. *Suicidologi*, 7, 2002.

BERTOLOTE, J. M.; FLEISCHMANN, A. A global perspective on the magnitude of suicide mortality. In: WASSERMAN, D.; WASSERMAN, C. (eds.). *Oxford Textbook of Suicide and Suicide Prevention*. Oxford: Oxford University Press, 2009.

BERTOLOTE, J. M. et al. Suicide, suicide attempts and pesticides: A major hidden public health problem. *Bulletin of the World Health Organization*, [Genebra], 84, 2006a.

BERTOLOTE, J. M. et al. Deaths from pesticide poisoning: a global response. *British Journal of Psychiatry*, Londres, 189, 2006b.

BERTOLOTE, J. M. et al. Suicidal thoughts, suicide plans and attempts in the general population on different continents. In: WASSERMAN, D.; WASSERMAN, C. (eds.). *Oxford Textbook of Suicide and Suicide Prevention*. Oxford: Oxford University Press, 2009.

BOTEGA, N. J.; MARIN-LEON, L.; OLIVEIRA, H. B. *Suicídio no Brasil*: a importância de pequenas cidades, de homens adultos mais velhos e de nações indígenas.

BOURDIN, C. E. *Du suicide consideré comme maladie*. Paris: Hennuyer, 1845.

BRENT, D. A. Antidepressant and pediatric depression: the risk of doing nothing. *New England Journal of Medicine*, Londres, 351, 2004.

BRIDGE, J. et al. Clinical responses and risk for reported suicidal ideation and suicide attempts in pediatric antidepressant treatment: a meta-analysis of randomized controlled trials. *Journal of the American Medical Association*, [EUA], 297, 2007.

BROWNE, T. (1643). *Religio Medici*. Disponível em: http://books.google.com/books. Acesso em: 03 gen. 2010.

CAMUS, A. *Le mythe de Sysiphe*. Paris: Gallimard, 1942. [Ed. bras.: *O mito de Sísifo*. Rio de Janeiro: BestBolso, 2010.]

CHA, C. B.; NOCK, M. K. Emotional intelligence is a protective factor for suicidal behavior. *Journal of the American Academy of Child and Adolescent Psychiatry*, 48, 2009.

CHAN, W. S. C. et al. Suicidality in Chinese adolescents in Honk Kong: the role of family and cultural influences. *Social Psychiatry and Psychiatric Epidemiology*, 44, 2008.

CRAWFORD, M. J. et al. Psychosocial interventions following self-harm: systematic review of their efficacy in preventing suicide. *British Journal of Psychiatry*, Londres, 190, 2007.

DE LEO, D.; BERTOLOTE, J. M.; LESTER, D. Self-directed violence. In: Krug, E. G. et al. (eds.). *World Report on Health and Violence*. Genebra: World Health Organization, 2002.

DRUMOND JÚNIOR, M. et al. Avaliação da qualidade das informações de mortalidade por acidentes não especificados e eventos com intenção indeterminada. *Rev. Saúde Pública*. 1999; 33(3).

DURKHEIM, E. [1895]. *Les règles de la méthode sociologique*. Paris: Payot, 1894. [Ed. bras. *As regras do método sociológico*. São Paulo: Cia. Editora Nacional, 1972.]

DURKHEIM, E. *Le suicide*. Paris: Felix Alcan, 1897. [Ed. bras. *O suicídio*. Rio de Janeiro: Zahar, 1982.]

ESQUIROL, J. E. D. *Des maladies mentales considerées sous les rapports médical, hygiénique et médico-légal*. Paris: Baillière, 1938.

FLEISCHMANN, A.; BERTOLOTE, J. M. Effectiveness of brief intervention and contact for suicide attempters: a randomized controlled trial in five countries. *Bulletin of the World Health Organization*, Genebra, 86, 2008.

FLEISCHMANN, A. et al. Completed suicide and psychiatric diagnoses in young people: a critical examination of the evidence. *A J Ortopsychiatry*, Nova York, 75(4), 2005.

FLEISCHMANN, A. et al. Effectiveness of brief intervention and contact for suicide attempters: a randomized controlled trial in five countries. *Bulletin World Health Organization*. Genebra, Set 2008 (9).

FLEISCHMANN, A. et al. The WHO Multisite Intervenion Study on Suicidal Behaviours. In: WASSERMAN, D.; WASSERMAN, C. (eds.). *Oxford Textbook of Suicide and Suicide Prevention*. Oxford: Oxford University Press, 2009.

GORDON, R. An operational classification of disease prevention. In: STEINBERG, J. A.; SILVERMAN, M. M. (eds.). *Preventing Mental Disorders*. Rockville: U.S. Department of Health and Human Services, 1987.

GUNNEL, D.; FRANKEL, S. Prevention of suicide: aspirations and evidence. *British Medical Journal*, Londres, 308, 1994.

GUO, B.; HARSTALL, C. *Efficacy of Suicide Prevention Programs for Children and Youth* (HTA 26: Series A Health Technology Assessment). Calgary: Alberta Heritage Foundation for Medical Research, 2002.

coleção saúde e cidadania | o suicídio e sua prevenção

LEAVELL, H. R.; CLARK, E. G. *Preventive Medicine for the Doctor in his Community*. Nova York: McGraw Hill Books, 1965. [Ed. bras. *Medicina preventiva*. São Paulo: McGraw-Hill, 1978.]

LIBBY, A. et al. Decline in treatment of pediatric depression after FDA advisory on risk of suicidality with SSRIs. *American Journal of Psychiatry*, Arlington, 164, 2007.

LIZARDI, D. et al. The role of moral objections to suicide in the assessment of suicidal patients. *Journal of Psychiatric Research*, 42, 2008.

LOVISI, G. M. et al. Análise epidemiológica do suicídio no Brasil entre 1980 e 2006. *Rev Bras Psiquiatr*. 2009; 31(Suplemento).

MACDONALD, M.; MURPHY, T. *Sleepless Souls*: Suicide in Early Modern England. Oxford: Clarendon Press, 1990.

MALONE, K.; YAP, S. Y. (2009). Innovative psychosocial rehabilitation of suicidal young people. In: WASSERMAN, D.; WASSERMAN, C. (eds.). *Oxford Textbook of Suicide and Suicide Prevention*. Oxford: Oxford University Press, 2009.

MANN, J. J. et al. Suicide prevention strategies: a systematic review. *Journal of the American Medical Association*, 294, 2005.

MARX, K. Peuchet: vom Selbstmord. *Gessellschaftsspiegel*, II:(VII). Elberfeldt: Januar, 1846. [Ed. bras. *Sobre o suicídio*. São Paulo: Boitempo, 2006.]

MELLO-SANTOS, C.; BERTOLOTE, J. M.; WANG, Y. Epidemiology of suicide in Brazil (1980-2000): characterization of age and gender rates of suicide. *Rev Bras Psiquiatr*. 2005; 27(2).

MINOIS, G. *Histoire du suicide*. Paris: Fayard, 1995.

MRAZEK, P. J.; HAGGERTY, R. J. (eds.). *Reducing Risks for Mental Disorders:* Frontiers for Preventive Intervention Research. Committee on Prevention of Mental Disorders. Washington, D.C.: Institute of Medicine, 1994.

OMS. *The Global Burden of Disease*: 2004 Update. Genebra: OMS, 2008.

ONU. *Prevention of Suicide*: Guidelines for the Formulation and Implementation of National Strategies. Nova York: United Nations, 1996.

PINEL, P. *Traité médico-philosophique sur l'aliénation mentale; ou la manie*. Paris: Richard, Caille et Ravier, 1801.

PLOEG, J. et al. A systematic overview of adolescent suicide prevention programs. *Canadian Journal of Public Health*, Ottawa, 87, 1996.

SCHMIDTKE, A. et al. Attempted suicide in Europe: rate trends and sociodemographic characteristics of suicide attempters during the period 1989-1992. Results of the WHO/EURO Multicentre Study on Parasuicide. *Acta Psychiatrica Scandinavica*, 93, 1996.

SHNEIDMAN, E. S. Suicide prevention. In: CORSINI, R. (ed.). *Encyclopedia of Psychology*. v.3. Nova York: Wiley, 1984.

SHNEIDMAN, E. S. *The Suicidal Mind*. Londres: Oxford University Press, 1996.

SPIRITO, A.; ESPOSITO-SMYTHERS, C. Individual therapy techniques with suicidal adolescents. In: WASSERMAN, D.; WASSERMAN, C. (eds.). *Oxford Textbook of Suicide and Suicide Prevention*. Oxford: Oxford University Press, 2009.

WAISELFISZ, J. J. *Mapa da violência 2011*: os jovens do Brasil. São Paulo: Instituto Sangari & Ministério da Justiça, 2011.

WASSERMAN, C. Suicide: considering religion and culture. In: WASSERMAN, D.; WASSERMAN, C. (eds.). *Oxford Textbook of Suicide and Suicide Prevention*. Oxford: Oxford University Press, 2009.

WEISSMAN, M. M. et al. Prevalence of suicide ideation and suicide attempts in nine countries. *Psychological Medicine*, 29, 1999.

SOBRE O LIVRO

Formato: 11 x 18 cm
Mancha: 19 x 38,6 paicas
Tipologia: Garamond 11,5/14,9
Papel: Pólen Soft 80 g/m^2 (miolo)
Cartão Supremo 250 g/m^2 (capa)
1ª edição: 2012
2ª reimpressão: 2020

EQUIPE DE REALIZAÇÃO

Edição de Texto
Giuliana Gramani (Copidesque)
Jennifer Rangel de França (Revisão)

Capa
Megaarte Design

Editoração Eletrônica
Sergio Gzeschnik (Diagramação)